国家社会科学基金青年项目“经济增长动能转换
引致系统性金融风险机制研究”（18CJL010）

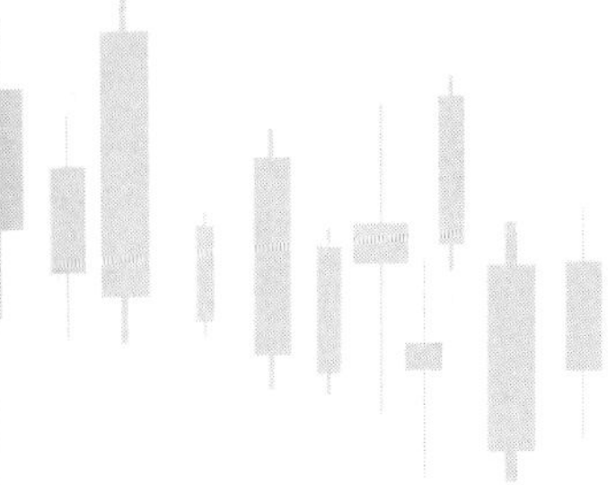

Zhongguo Gushi Touzizhe
Bocai Xingwei Yanjiu

# 中国股市投资者博彩行为研究

崔惠颖 著

中国财经出版传媒集团
经济科学出版社
Economic Science Press

**图书在版编目（CIP）数据**

中国股市投资者博彩行为研究/崔惠颖著．—北京：经济科学出版社，2021.10

ISBN 978－7－5218－3002－6

Ⅰ.①中…　Ⅱ.①崔…　Ⅲ.①股票投资－研究－中国
Ⅳ.①F832.51

中国版本图书馆 CIP 数据核字（2021）第 221275 号

责任编辑：刘　莎
责任校对：靳玉环
责任印制：王世伟

中国股市投资者博彩行为研究
崔惠颖　著
经济科学出版社出版、发行　新华书店经销
社址：北京市海淀区阜成路甲 28 号　邮编：100142
总编部电话：010－88191217　发行部电话：010－88191522
网址：www.esp.com.cn
电子邮箱：esp@esp.com.cn
天猫网店：经济科学出版社旗舰店
网址：http：//jjkxcbs.tmall.com
北京季蜂印刷有限公司印装
710×1000　16 开　13.75 印张　200000 字
2021 年 10 月第 1 版　2021 年 10 月第 1 次印刷
ISBN 978－7－5218－3002－6　定价：52.00 元
**（图书出现印装问题，本社负责调换。电话：010－88191510）**

# 前　言

股市参与者的博彩行为，表现为购买那些能够以小概率获取较大收益的股票。由于这类股票具有与彩票相类似的特征，因而被称为“彩票型股票”或“博彩型股票”。博彩型股票的价格和收益行为正是投资者博彩偏好和博彩行为的市场表现。在实践层面，对博彩型股票相关问题进行研究，不仅有助于指导股票投资者实践投资策略，而且可以帮助证券监管部门引导投资者进行理性投资。在理论层面，对博彩型股票相关问题进行研究，有助于检验传统金融学理论和行为金融学理论在解释市场异象方面的适用性，加深研究者对中国股市有效性和运行情况的理解。

国内相关研究主要集中于检验中国股市博彩型股票的收益情况，发现博彩型股票表现出无法被经典资产定价模型（如CAPM模型、Fama-French三因子模型）所解释的异常收益，为博彩型收益的存在性提供了经验证据。不过，关于博彩型股票的识别，至今仍是一个具有争议的问题；关于博彩型股票的市场表现特点，国内研究并未进行过系统的分析与对比；关于博彩型收益的成因，国内研究也尚未进行过实质性的检验。

本书以中国沪深交易所挂牌的所有A股股票为研究对象，以1997年1月至2015年8月为样本期间，综合使用组合价差法、Fama－MacBeth 回归、马尔科夫区制转移模型、多因子定价模型、两阶段横截面回归（2SCSR）等方法，首先对中国股市的博彩型股票进行了识别分析，比较了多种指标对股票博彩特征的识别能力；其次考察了中国股市博彩型股票的市场表现特点，并与欧美成熟市场进行了对比分析；最后基于模型误设的视角对博彩型收益成因的风险观解释进行了检验，在发现博彩型收益可能来源于错误定价的基础上，利用错误定价指数和投资者情绪对博彩型收益的成因作了进一步的分析。本书的主要研究内容和相关研究结论归纳如下：

第一，对博彩型股票进行了识别分析。学者们利用股票交易数据，构造了多种间接的博彩型股票识别指标。然而，各种识别指标无论从理论解释，还是从经验证据来看，都具有较大差异。本书将博彩型股票的两个重要特征——收益率正偏性和获得负异常收益（或者称之为获得“博彩型收益”）作为判断标准，基于各指标的博彩型股票指数（*LIDX*），利用组合价差法和 Fama－MacBeth 回归，全面地比较分析了各种指标的识别能力。本书的检验结果发现：识别能力最优的指标是最具可观测性的最大日收益率（*MAX*），特质偏度（*IS*），由股价、特质偏度和特质波动率构成的复合指标（*Com*1），以及由股价、最大日收益率和换手率构成的复合指标（*Com*2）也具有一定的识别能力；国内还未使用过的预测性指标——预期特质偏度（*EIS*）的识别能力较差；复合指标并不比单一指标更有效。

第二，考察了中国股市博彩型股票的市场表现特点。需要说明的是，博彩型股票的基本特征（即博彩型股票收益率正偏并获得负异常收益）与其市场表现特征不同。前者是博彩型股票特有的本质属性，可以作为判断股票博彩特性强弱的标准；后者则是博彩型股票在市场交易中表现出的各种特点。本书主要从博彩型股票的公司特征、行业特征，股票博彩特性的持续性与时变性四个方面进行考察。同时，对比分析了中国股市与欧美成熟市场博彩型股票市场表现的异同。实证结果发现：(1) 各指标识别出的博彩型股票的大部分公司特征是一致的，但也有一定差异性。依据最优识别指标 *MAX*，博彩型股票具有较小的公司规模和账面市值比，较差的流动性，以及较高的收益波动性、风险因子 Beta 和换手率。(2) 中国股市的博彩特性在短期内具有持续性，但弱于欧美股票市场。(3) 根据识别指标 *MAX*，从股票占比来看，在传播与文化产业和信息技术业中，博彩型股票占比较高，非博彩型股票占比较低；而在电力煤气水、交通运输仓储业和金融保险业中，博彩型股票占比较低，非博彩型股票占比较高。从收益正偏性和异常收益率来看，交通运输仓储业、农林牧渔业和综合类行业中的博彩型股票表现出较强的博彩特性。(4) 中国股市的博彩特性具有时变性，其变化特点与市场走势相反。市场状况良好时，股票的博彩特性较弱；而市场状况不佳时，股票的博彩特性较强。

第三，基于模型设定误差的角度，对博彩型收益成因的风险观解释进行了检验。博彩型收益的成因解释主要分为风险观解释和错误定价解释。前者认为博彩型收益源于定价模型的误设，即定价模型遗漏了某个能够控制博彩风险回报的定价因子。后者认为博彩型收益源于投资者行为偏差而导致的错误定价。本书在构建了博彩因子的基础上，通过三因子和四因子模型检验，同时控制博彩特征等因素对股票收益的影响，区分了博彩风险定价与博彩特征定价。然后，利用 2SCSR 方法进一步检验博彩因子是否为一个定价因子。与此同时，本书还加入博彩指标，以比较博彩特征与博彩因子对股票收益的解释力。实证结果表明风险观无法解释博彩型收益，这意味着博彩型收益可能源于错误定价。

第四，从基于投资者情绪的错误定价分析视角，为博彩型收益的存在性提供一种行为金融学解释。首先，通过理论推导，分析投资者情绪如何影响收益正偏股票的错误定价程度，进而影响博彩型收益，并提出可供检验的假设。其次，构建错误定价指数，分析博彩型收益与错误定价的关系，检验博彩型收益是否源于股票价格的高估。最后，在证实博彩型收益与错误定价关系的基础上，进一步引入投资者情绪因素，分析投资者情绪对博彩型收益与错误定价程度之间关系的影响。结果表明，博彩型收益确实是一种错误定价现象，投资者的行为偏差导致并加剧了博彩型收益。

与已有的国内研究相比，本书的创新之处主要表现在以下几个方面：

第一，基于博彩型股票的两个重要特征，本书全面比较了各指标对股票博彩特性的识别能力，选择出最优的中国股市博彩型股票识别指标。国内外研究对各种识别指标的选择存在诸多争议，包括单一指标与复合指标的选择；事前指标与预测指标的选择；指标的可观测性是否影响其识别能力等。存在这些争议的原因在于缺乏判断各指标识别能力的标准。为此，本书根据彩票特征及已有研究，提出以博彩型股票的两个重要特征——收益率正偏性和负异常收益为判断标准。然后，利用中国股市的实际数据，全面比较了各指标对股票博彩特征的识别能力。此外，本书还基于各识别指标构建了博彩型股票指数（*LIDX*）。该指数改进了国内已有的 *LIDX*，可以更清晰、全面地表征各股票的博彩特性。

第二，对国内已有研究尚未详细考察的博彩型股票市场表现进行了多维度的研究。目前国内研究的重点是检验识别指标与股票未来收益的关系，而对博彩型股票的具体市场表现缺乏详细的研究。再者，虽然部分国内研究涉及博彩型股票的市场表现特点，但由于不同研究所用的识别指标不同，导致各研究所得到的结论也有所差异。为此，本书利用在识别分析中选出的表现较好的识别指标，从多个维度详细考察了中国股市博彩型股票的市场表现特点。另外，鉴于中国股市具有不同于成熟市场的特殊性，本书对国内外相关研究结果进行了比较分析。

第三，从模型误设的角度，检验了博彩型收益是否源于系统性风险，弥补了国内研究对博彩型收益成因分析的不足。虽然国内部分研究涉及博彩型收益成因的解释，但它们并没有进行实质性检验，而且这些解释几乎都是直接借用国外错误定价理论研究中的结论。然而，从行为金融学视角对博彩型收益进行解释之前，我们还需要对博彩型收益成因的风险观解释进行检验。本书构建了适用于中国股市的博彩因子，使用多因子模型和 2SCSR 方法检验了博彩型收益的风险观解释。

第四，拓展了国内研究对博彩型收益成因的行为金融学解释。已有少数国内研究从行为金融学的视角对博彩型收益的成因进行了解释，但它们存在一些局限性。例如，研究模型已经假设了投资者只关注股票的特质特征，即假设其实已经暗含了结论。又如，相关理论解释由于涉及投资者的偏好和心理因素，难以得到实际数据的验证。本书结合已有理论研究，从基于投资者情绪的错误定价视角，为博彩型收益的行为解释提供了一个可行检验。

# 目　　录

# 第 1 章

# 绪　论

## 1.1　选题背景与研究意义

### 1.1.1　选题背景

**1. 现实背景**

自 1990 年至今，中国股票市场经历了快速扩容与发展。根据沪深证券交易所的数据统计，截至 2015 年底，沪深两市总市值达 531 304.2亿元，流通市值达 417 925.4 亿元，A 股上市公司数量达 2 726 家。然而，与此同时，中国股市的各种问题和不足仍然较为严重，投资者的非理性问题也越发引人关注。其中，最具代表性的莫过于中国股市浓厚的博彩氛围以及大量存在的投资者博彩行为。

中国股市的“赌场论”早在市场发展之初就已引起人们的广泛关注。众所周知，国内吴敬琏（2001）发表了著名的“赌场论”，随后五位经济学家公开回应了吴敬琏的观点，引发了学术界和业界对中国股市投资和投机的热烈讨论。在持续的讨论中，中国股市也在不断完善，经历了跨越式的发展。虽然如此，人们仍然普遍感受到中国股市投资者始终具有较强的博彩偏好，许多投资者总是希望在股市中能够以小概率获取较大收益，表现出快买快卖的短线操作行为，并导致了很高的市场换手率。不仅在股市，中国居民在很多方面都表现出旺盛的博彩需求。譬如，根据中国财政部统计，全国彩票年销售额从 1987 年的 0. 17395 亿元增长到 2015 年的 3 678. 84 亿元。其中，2013 年全国共销售彩票 3 093. 25 亿元，与上一年同期相比，增加了 478. 01 亿元，增长 18. 3%。2014 年彩票的全国销售总额为 3 823. 78 亿元，与上一年同期相比，增加了 730. 53 亿元。除 2015 年由于互联网彩票暂停等原因造成销售额有所下降之外，自 2000 年以后的十多年里，中国彩票销售增速是同期 GDP 增速的 2. 5 倍。中国已成为世界彩票销售大国（冯百鸣，2010；郑振龙和孙清泉，2013）。一方面，博彩行为本就植根于人类的本性之中；另一方面，我国的一些社会现实和风俗习惯也进一步强化了人们的博彩偏好。例如，社会贫富差距较大，人们渴望通过博彩行为快速获取财富。又如，人们有以小赌表征事业运气的习俗（郑振龙和孙清泉，2013）。也因此，“中国人有赌性”“中国股市如赌市”等观点十分盛行。

事实上，股票市场存在博彩行为，投资者具有投机动机并不是中国股市所特有的。但是与西方成熟市场相比，中国股市在市场制度的完善性和投资者的行为理性等方面都还存在较大差距。高换手率、高波动性等现象让中国股市的博彩行为更加突出。另外，中国股市投资者在快速增长的同时，也存在结构性问题。一方面，机构投资者发展时间不长，其持股比例较低。以基金为例，作为目前我国最重要的机构投资者之一，根据锐思数据库统计，从2003~2015年，其平均持股比例为3.8747%。各界对我国机构投资者是否起到了维护和改善股市平稳性的作用也存有争议。另一方面，普通散户投资者不断增加。根据证监会的“证券市场概况统计表”，截至2015年12月，股票有效账户数已达21 477.57万户，比2014年增长51.09%。同时，散户投资者很容易受到乐观主义、市场情绪、过度自信等心理因素的影响。在这样的现实背景下，了解投资者的博彩动机，分析博彩行为给投资者带来的收益情况，认识股市博彩行为的市场表现特征对引导投资者理性投资，促使股市健康平稳发展具有重要的现实意义。

**2. 理论背景**

现代金融理论使用传统的主流经济学的原理和方法，精确地刻画各项金融活动。它具有两个重要的理论基石：一是“理性人假说”；二是“有效市场假说”。从20世纪50年代开始，标准金融学逐步确立了资产定价在其理论系统中的核心地位。

马科维茨（Markowitz，1952）的现代投资组合理论（modern portfolio theory，MPT）标志着现代资产定价理论的开端。马科维茨发展出了均值—方差组合模型（mean-variance portfolio theory），第一次系统地利用数理统计的方法和语言描述了金融市场中的投资者行为。20世纪60年代，夏普（Sharpe）、林特纳（Lintner）等人在马科维茨的研究基础上，发展出了资本资产定价模型（capital asset pricing model，CAPM）。罗斯等（Ross et al.）在前面诸人的成果上，又进一步提出了套利定价模型（arbitrage pricing theory，APT）。法马（Fama）在20世纪70年代提出了有效资本市场假说（efficient markets hypothesis，EMH），认为如果股票价格充分反映市场的所有信息，则股市达到有效状态。布莱克（Black）和斯科尔斯（Scholes）则于1973年提出了BS期权定价模型（black-scholes option pricing model）。上述理论模型构成了现代资产定价理论的主体，并在此基础上，衍生出许许多多分支模型。经过几十年的开拓，这些理论已经构成了一个比较完善的理论体系，并逐步推进了风险—收益关系的理论研究。

然而，越来越多的证据表明这套完善的理性框架出现了问题。例如，有效资本市场假说的核心是完美套利，但在现实世界中，套利并不是完美的。大量无法基于风险因素定价的收益率“异象”（anomalies）不断涌现，包括“规模效应”“价值溢价”“特质波动率之谜”，等等。鉴于以往理论的诸多局限，金融学理论开始了新的探索。其中，特别令人瞩目的一个方向是结合了心理学、行为学等领域内容的“行为金融学”。与标准金融学相对应，行为金融学也有两个重要理论基石：一是“有限理性”，这是对“理性人假说”的偏离，它主要研究金融市场中投资者的实际情况，包括信念的形成、对资产的评估和交易等；二是“有限套利”，现实市场中的套利行为并不是完美的，它无法消除对理性行为的偏离（崔巍，2013）。行为金融学方面的研究引导金融理论从资产定价技术转向金融活动参与者本身，它注重从参与者的行为角度来解释日益复杂和多元化的金融现象。这是行为金融学对现代金融理论的修正和改进。

关于投资者博彩行为的研究，也体现了金融学理论的上述转变与发展。根据标准金融理论，投资者只关心投资组合的收益和风险，而不具有特定的资产偏好。不过，大量的经验研究和观察结果表明股市投资者存在强烈的“博彩偏好”。那么，投资者的这种偏好及其对股票收益的影响究竟能否通过扩展已有的金融理论，从而在标准金融学的范围内得到解释，还是更多的与非理性因素相关？另外，中国股市还处在初级发展阶段，相关制度还不够完善，投资者也明显表现出非理性的投资观念和行为。在这种尚不成熟的股市中，投资者的博彩行为会如何表现在股票收益上，又会具有怎样的不同于西方成熟市场的特点？对这些问题的研究，将会为标准金融学和行为金融学提供新的理论和经验证据。

### 1.1.2 研究意义

**1. 现实意义**

首先，本书对博彩型股票的研究，可以帮助实践者和研究者更深入、更全面地了解中国股市投资者的博彩行为。虽然人们普遍感受到中国股市投资者较强的博彩偏好，但国内对股市博彩行为及其对股票收益影响的研究还很少。本书对博彩型股票的识别及其市场表现特征进行了分析，并与西方成熟市场进行了比较。据此，本书得到了一些关于中国股市博彩型股票不同于其他市场的表现特点，以及投资者的博彩行为特点。根据本书的研究内容和结论，证券监管部门可以更有针对性地引导投资者进行理性投资。

其次，本书的研究有助于加深我们对股市运行情况的理解，有助于促进市场健康发展。本书分析了中国股市博彩型股票的公司和行业特征、股市博彩性的持续性与时变性、投资者情绪对股市博彩性的影响等问题。对这些内容的研究，可以帮助我们把握不同公司、不同行业和不同时期所具有的博彩特征，从而更好地了解中国股市的运行情况。股市博彩氛围的强弱对市场功能的发挥有着重要的影响。因为投资者的博彩行为会导致股票被错误定价，于是股票的市场价格无法反映其价值，股票价格的涨跌也无法恰当地揭示市场资金的流动方向，市场就无法实现社会资源的合理分配与再分配。因此，通过对博彩型股票的研究，我们可以更有效地改善相关监管制度，降低股市博彩性，优化资金流向，保证股票市场健康平稳发展，使股市更好地发挥融资功能和优化资源配置的功能。

**2. 理论意义**

根据标准金融理论，投资者只关心投资组合的收益和风险，而不具有特定的资产偏好。然而，我们发现投资者具有“博彩偏好”，并对股票收益产生显著影响。本书对博彩型收益成因的风险观解释进行了检验，研究结果显示收益—风险框架无法解释博彩型收益，再次表明标准金融学理论存在局限性。

于是，本书进一步从基于投资者情绪的错误定价视角解释了博彩型收益。这一发现也说明行为金融学理论可以更好地解释现实中的一些金融现象，它是对标准金融学的必要补充和改进。

# 1.2 研究思路、研究对象与框架

## 1.2.1 研究思路

本书始终以博彩型股票为研究对象，遵循博彩型股票的识别分析、博彩型股票的市场表现特征、博彩型股票的收益成因这一主干思路对中国股市的博彩性和投资者的博彩行为进行研究。

本书遵循上述研究思路，并以博彩型股票为研究对象，而不是直接分析股市投资者的博彩行为，其原因如下：（1）正如库马尔（Kumar，2009）所指出的，尽管人们普遍感受到了投资者的博彩偏好，但至少有两个原因导致博彩偏好驱动的投资决策难以获得直接的经验证据：其一是人们的博彩偏好及其投资组合决策不可观测。幸运的是，我们可以通过对博彩型股票的分析来间接地研究投资者的博彩偏好和博彩行为。因为人们普遍感受到的这种博彩偏好，它往往表现为投资者热衷于购买那些能够以小概率获取较大收益的股票。由于这类股票具有与彩票相类似的特征，因而它们被称为“彩票型股票”或“博彩型股票”。可见，博彩型股票的价格和收益行为正是投资者博彩偏好和博彩行为的市场表现。因此，本书将博彩型股票作为分析对象，来分析投资者的博彩偏好和博彩行为。（2）库马尔（2009）所指出的另一个研究难点是，我们无法准确而完善地定义博彩型股票。因此，本书从博彩型股票的识别问题出发，为后文奠定研究基础，再逐步深入，从而形成了本书的研究思路。

在博彩型股票的识别分析中，本书提出以博彩型股票的两个重要基本特征——收益率正偏性和负异常收益为判断标准，比较了多种识别指标的能力和效果，选择出最适用于中国股市的博彩型股票识别指标，为后文的研究奠定基础。在识别分析的基础上，本书继续考察了中国股市博彩型股票的市场表现，包括博彩型股票的公司特征、行业特征以及股票博彩性的持续性和时变性，并与欧美成熟市场进行对比。最后，本书进一步分析了博彩型股票获得负异常收益的原因，从而能够更深入地理解中国股市投资者的博彩行为。

### 1.2.2 研究对象

**1. 博彩型股票及其重要基本特征**

如前所述，本书以博彩型股票为研究对象，通过对该类股票的考察来分析中国股市的博彩性和投资者的博彩行为。一般而言，博彩型股票指的是那些能够以小概率获取较大收益的股票。由于这类股票具有与彩票相类似的特征，因而它们被称为“彩票型股票”或“博彩型股票”。一方面，博彩型股票难以准确而完善地定义；另一方面，对博彩型股票的识别是相关研究的基础。因此，本书首先需要解决“如何恰当地识别出股票市场中的博彩型股票”这一问题。

目前关于博彩型股票识别的相关研究，基本都是利用股票交易数据来构造间接的识别指标。这些识别指标主要可以分为“单一指标”和“复合指标”两大类。[①] 这些指标都是基于博彩型股票可能具有的某一或某些特征而构建的，它们的提出主要得益于一些风格特征、分类标准和博彩特征的逐渐清晰（孔东民等，2010）。然而，这些指标究竟孰优孰劣，学者们存有不同的观点。各种识别指标无论从理论解释，还是从经验证据来看，都具有很大的不同。为了能够找到判断这些指标识别能力的标准，本书根据彩票的概念和已有研究，提出博彩型股票的两个基本特征：第一，收益率具有正偏性。博彩型股票与彩票都具有以小概率获取巨大回报的收益特征，即收益分布具有“正偏性”。第二，获得负异常收益率。根据标准金融学的风险观解释，常见的定价模型（如 Fama – French 三因子模型）中遗漏了某种“系统性风险”，导致博彩型股票经过这些定价模型风险调整后表现出负异常收益（Zhong and Gray，2015）。根据行为金融学的偏度偏好假说，投资者对收益正偏股票的偏好使博彩型股票的价格被高估，最终导致博彩型股票只能获得负的异常收益（Brunnermeier et al.，2005，2007；Mitton and Vorkink，2007；Barberis and Huang，2008）。依据这两个基本特征可知，股票的收益越正偏，同时获得更低的负异常收益，则该股票的博彩特性越强；反之，该股票的博彩特性越弱。

基于这两个重要的基础特征，本书可以比较各种博彩型股票识别指标的有效性，选择出最适用于中国股市的识别指标，从而能够更准确地找到中国股票市场中的博彩型股票。

**2. 博彩型收益**

本书中的“博彩型收益”指的是博彩型股票所获得的负异常

---

① 本书将在第3章“中国博彩型股票的识别分析”中对各识别指标进行详细的介绍和解释。

收益。投资者的博彩行为表现为购买具有以小概率获取巨大回报的收益特征的股票。无论是理论分析，还是已有的经验研究都证实博彩型股票将获得负异常收益。相比于博彩型股票的收益正偏性，本书着重关注的是博彩型收益。其原因如下：（1）在理论层面，博彩型收益意味着投资者的博彩行为对股票均衡价格产生了显著影响，而“资产何以定价”始终是金融学的核心问题（汪丁丁，2010）。（2）在实践层面，对于投资者而言，他们更为关心的也是投资对象的价格变化及其收益情况。对证券监管者而言，若想引导投资者转向理性投资，那么了解博彩行为及其对股票价格和收益的影响也是十分必要的。

总之，博彩型股票是本书的研究对象，在识别和分析博彩型股票的基础上，本书还将进一步深入探讨博彩型股票的收益成因。

### 1.2.3 研究框架

根据上述研究思路，本书的研究内容在结构上主要分为四部分，第一部分是基础性研究，包括与股市博彩行为和博彩型股票相关的文献梳理与分析；第二部分是识别研究，即对博彩型股票的识别分析，选择最优的博彩型股票识别指标；第三部分是现象研究，指的是对博彩型股票的市场表现特点的分析；第四部分是进一步研究博彩型获得负异常收益的原因，该部分分别从模型误设（风险观）和错误定价两个视角进行成因探讨。

本书的研究框架如图 1－1 所示。

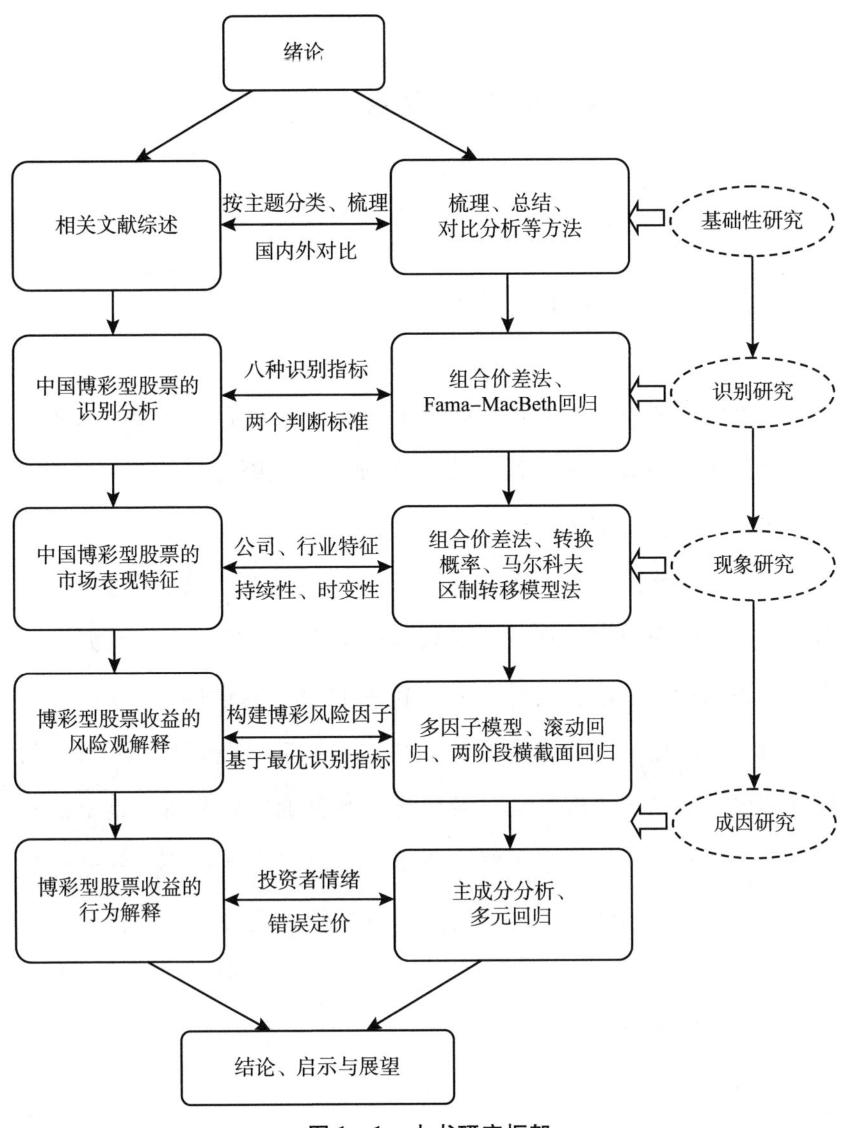
绪论
相关文献综述
按主题分类、梳理
国内外对比
梳理、总结、
对比分析等方法
基础性研究
中国博彩型股票的
识别分析
八种识别指标
两个判断标准
组合价差法、
Fama-MacBeth回归
识别研究
中国博彩型股票的
市场表现特征
公司、行业特征
持续性、时变性
组合价差法、转换
概率、马尔科夫
区制转移模型法
现象研究
博彩型股票收益的
风险观解释
构建博彩风险因子
基于最优识别指标
多因子模型、滚动回
归、两阶段横截面回归
成因研究
博彩型股票收益的
行为解释
投资者情绪
错误定价
主成分分析、
多元回归
结论、启示与展望

**图 1-1　本书研究框架**

## 1.3 研究内容与研究方法

### 1.3.1 研究内容

本书的主要研究内容是中国股市博彩型股票的识别分析、博彩型股票的市场表现特征、博彩型股票收益的原因分析。全书共有7章，各章具体内容如下：

第1章：绪论。本章详细论述了论文的选题背景和研究意义，概括了本书的研究思路和研究对象与框架，并介绍了主要研究内容和所使用的研究方法，最后提出了本书可能的创新与不足之处。

第2章：相关文献综述。本书的研究内容是博彩型股票的识别、博彩型股票的市场表现特征以及博彩型收益的成因分析。鉴于论文的研究主题与框架，本书主要从四个方面对国内外相关文献进行梳理、总结、对比与评述。具体包括：（1）博彩型股票的各种识别指标；（2）博彩型股票的市场表现特征；（3）标准金融学对博彩型股票收益的成因解释；（4）行为金融学对博彩型股票收益的成因解释。通过综述相关文献，总结已有研究的成果与不足，提出本书的创新与贡献之处。

第3章：中国博彩型股票的识别分析。由于博彩偏好难以直接刻画，所以学者们先后构建了多种博彩型股票识别指标，并且对指标的选择存在争议。本书提出以博彩型股票的两个重要特征——收益率正偏性和负异常收益为判断标准，基于各指标的博彩型股票指数（*LIDX*），利用组合价差法和 Fama－MacBeth 回归，全面地比较分析了各种指标的识别能力。本章的分析结果可以帮助我们找到最适用于中国股市的博彩型股票识别指标，也为后文的进一步研究奠定了基础。

第4章：中国博彩型股票的市场表现特征。需要说明的是，博彩型股票的基本特征（即博彩型股票收益率正偏并获得负异常收益）与本章重点分析的市场表现特征不同。这是因为前者是博彩型股票特有的本质属性，可以作为股票博彩特性强弱的判断标准，而后者则是博彩型股票在市场交易中表现出的各种特点。本章主要从以下四个方面考察博彩型股票的市场表现特点：（1）博彩型股票的公司特征；（2）博彩型股票的行业特征，以及不同行业的博彩性强弱程度；（3）股票博彩性的持续性；（4）股票博彩性的时变性，即不同市场状态下，股票博彩性的强弱程度。此外，本章还将中国股市博彩型股票的市场表现特点与西方成熟市场进行了比较，以帮助我们了解中国股市博彩行为与成熟市场博彩行为的异同。

第5章：博彩型股票收益的存在性解释：基于模型误设的实证分析。基于模型误设，本章对博彩型收益成因的风险观解释进行了检验。首先，基于前文对中国股票博彩型股票识别指标的分析，构建了适用于中国股市的博彩因子。其次，通过三因子和四因子模型检验，同时控制博彩特征等因素对股票收益的影响，区分了博彩风险定价与博彩特征定价。最后，利用两阶段横截面回归（2SCSR）方法进一步检验博彩因子是否为一个定价因子。同时加入博彩指标，分析了博彩特征与博彩因子对股票收益的解释力，进而判断博彩型收益究竟源于错误定价，还是系统性风险。本章的实证结果表明模型误设（风险观）无法解释博彩型收益，博彩型收益可能是由错误定价造成的。

第6章：博彩型股票收益的存在性解释：基于投资者情绪的错误定价分析。本章基于错误定价和投资者情绪，为博彩型收益的存在性提供一个行为金融学视角的解释。首先，通过理论推导，分析投资者情绪如何影响收益正偏股票的错误定价程度，进而影响博彩型收益，并提出可供检验的假设。其次，构建错误定价指数，分析博彩型收益与错误定价的关系，检验博彩型收益是否源于股票价格的高估。最后，在检验博彩型收益与错误定价关系的基础上，进一步引入投资者情绪，分析错误定价与投资者情绪在博彩型收益的产生中所起到的作用。结果表明，博彩型收益确实是一种错误定价现象，投资者的行为偏差导致并加剧了博彩型收益。

第7章：研究结论、启示与展望。本章概括了全书的主要研究结论，以及给投资者、研究者和证券监管部门带来的启示。最后，本章提出了一些可能的未来研究方向。

### 1.3.2 研究方法

为了能够让本书的研究目的得以实现，论文在各部分使用了多种不同的研究方法，具体情况如下：

第一，采用文献梳理、对比等方法，对博彩型股票的识别指标进行了总结和比较，对博彩型股票在中外股市的市场表现特点进行了归纳和对比，对博彩型收益的成因解释进行了总结。最后评述了已有研究的局限与不足，并在此基础上明确了全书的研究思路和研究内容。

第二，采用组合价差法、Fama - MacBeth 回归，对博彩型股票指标的识别能力进行了分析和比较，找到了最适用于中国股市的博彩型股票识别指标，为后文研究奠定基础。

第三，采用组合价差法、转换概率和马尔科夫区制转移模型等方法考察了中国股市博彩型股票的市场表现特点。

第四，采用多因子模型、两阶段横截面回归法检验了博彩型收益成因的风险观解释。

第五，采用主成分分析和多元回归等方法，从行为视角对博彩型收益的成因进行分析，考察了博彩型收益与错误定价的关系，以及投资者情绪对两者关系的影响。

## 1.4 创新与不足

### 1.4.1 研究的创新与贡献

本书可能的贡献与创新性有以下几点：

第一，基于博彩型股票的两个重要特征，本书全面比较了各指标对股票博彩特性的识别能力。各种识别指标无论从理论解释，还是从经验证据来看，都具有较大差异。目前国内外相关研究关于各种识别指标的选用也存在诸多争议，包括单一指标与复合指标的选择；事前指标与预测指标的选择；指标的可观测性是否影响其识别能力等问题。存在这些争议的原因就在于缺乏判断各指标识别能力的标准。为此，本书提出以博彩型股票的两个重要特征——收益率正偏性和负异常收益为判断标准。

本书利用中国股市的实际数据，全面比较了国内外各种不同指标对股票博彩特征的识别能力。这些指标包括国内相关研究已经涉及的全部常用指标，也包括国内研究尚未使用过的预期特质偏度。此外，本书还基于各识别指标构建了博彩型股票指数（*LIDX*）。该指数改进了国内已有的 *LIDX*，可以清晰、全面地表征不同股票的博彩特性。最终，本书选择出最优的中国股市博彩型股票的识别指标。通过该指标，本书可以更好地识别出中国股市中的博彩型股票。

第二，对国内已有研究尚未详细考察的博彩型股票市场表现进行了多维度的研究。目前国内研究的重点是检验识别指标与股票未来收益的关系，而对博彩型股票的具体市场表现缺乏详细的研究。再者，虽然部分国内研究涉及博彩型股票的市场表现特点，但由于不同研究所用的识别指标不同，导致各研究分析得到的结果也有所差异。为此，本书详细分析了中国股市博彩型股票的市场表现特点。另外，鉴于中国股市具有不同于成熟市场的特殊性，本书对国内外相关文献的研究结果进行了比较分析。

第三，从模型误设的角度，检验了博彩型收益是否源于系统性风险，弥补了国内研究对博彩型收益成因分析的不足。虽然国内部分研究涉及博彩型收益成因的解释，但它们并没有进行实质性的检验，而且这些解释几乎都是直接借用国外研究的非理性错误定价理论。然而，在从行为金融学视角对博彩型收益进行解释之前，我们需要检验博彩型收益是否源于错误定价。只有排除了模型误设的可能解释，再使用行为金融学解释才是合适的。本书第5章对博彩型收益的风险观解释进行了实证检验，弥补了国内研究对博彩型收益成因分析的不足。

第四，拓展了国内研究对博彩型收益成因的行为金融学解释。少数国内研究对博彩型收益的成因进行了行为金融学视角的分析。譬如，徐小君（2010）假设投资者具有“狭窄框定”（Barberis and Huang，2008），认为投资者只关注个别股票的收益特征，而不会与其他股票结合起来考虑。通过理论推导，该研究发现股票收益受到市场因素、自身波动率和偏度的影响。不过该研究的局限性在于，一是其假设已经认为投资者只关注股票的特质特征，其实已经暗含了结论；二是这一解释难以直接得到验证，只能作为博彩型收益的又一个理论解释。事实上，已有的几种理论解释由于涉及投资者的偏好和心理因素，都难以对其进行直接的检验。本书结合已有的理论研究，从基于投资者情绪的错误定价角度为博彩型收益的行为解释提供了一个可行的检验方式。

### 1.4.2 研究的不足

尽管本书对已有研究的一些局限性进行了一定程度的完善与改进，但仍然存在不足之处。

第一，限于数据的可得性，本书仍然选择了通过股票交易数据，间接构造博彩型股票识别指标的方式进行研究。在未来的研究中，如果利用股市投资者的账户交易数据，或者对投资者进行调查，则可以更直接地刻画投资者的博彩偏好和博彩行为。

第二，本书检验了博彩型收益成因的风险观解释，该部分是基于资本资产定价模型进行的相关分析，但没有将风险具体化。这部分内容实质上是通过比较博彩型股票与其他股票的风险高低，用博彩因子衡量定价模型中遗漏的风险因子，来解释博彩型收益。不过，本书没有考察具体风险对博彩型收益的影响，比如公司财务困境风险（Conrad et al.，2014）等。在今后的研究中可以进一步将风险具体化，探讨某些具体风险对博彩型收益的影响。

第三，本书并未对个人投资者和机构投资者进行区分。今后可以进一步研究不同类型投资者博彩行为的异同，及其对股票市场的不同影响。

# 第 2 章

# 相关文献综述

本章按照“博彩型股票的识别”“博彩型股票的市场表现特征”“博彩行为及博彩型收益的解释”三个主题综述国内外相关文献。其中，“博彩行为及博彩型收益的解释”又分为“标准金融学对博彩行为及博彩型收益的解释”和“行为金融学对博彩行为及博彩型收益的解释”两个部分。最后，本章还对文献进行了简单的评述，指出已有研究可能存在的局限性和不足，为后续章节的理论分析及实证检验奠定基础。

## 2.1 博彩型股票的识别

博彩型股票的识别是相关研究的基础性问题。已有研究基本都是利用股票交易数据来构造间接的博彩型股票识别指标。这些指标都是基于博彩型股票可能具有的某一或某些特征而构建的，它们的提出主要得益于一些风格特征、分类标准和博彩特征的逐渐清晰（孔东民等，2010）。博彩型股票识别指标主要可以分为两类：一类是单一指标；另一类是复合指标。其中，复合指标指的是包含多个维度的识别指标，一般是在某种常用的单一指标基础上增加其他维度复合而成。

布鲁纳迈耶和帕克（Brunnermeier and Parker，2005）、布鲁纳迈耶等（2007）、米顿和沃金克（Mitton and Vorkink，2007）分析了投资者对投资品偏度的偏好，通过理论推导发现偏度（skewness），特别是特质偏度（idiosyncratic skewness）可以影响资产的均衡价格。米顿和沃金克（Mitton and Vorkink，2007）还发现均衡时，更具有偏度偏好的投资者会选择特质偏度更高的资产，因此特质偏度可以用来表示投资者的博彩偏好。累计前景理论（cumulative prospect theory）由特沃斯基和卡尼曼（Tversky and Kahnemann，1992）提出，巴伯里和黄（Barberis and Huang，2008）基于该理论，认为人们往往高估小概率事件发生的可能性，这导致人们热衷于追求小概率的巨额收益，表现为博彩偏好，而特质偏度可以表征这一偏好并对资产价格产生显著影响。由此，特质偏度成为最常用的博彩型股票识别指标之一。

在实证研究方面，库马尔（2009）最先提出一组包括股票价格、特质偏度和特质波动率在内的复合指标，并对美国股市中的博彩型股票进行了识别和分析。库马尔（2009）认为与博彩型股票相类似的政府彩票具有以下几个特点：（1）相对于巨额的潜在收益，彩票的价格很低；（2）彩票的预期收益为负；（3）彩票收益极具风险；（4）最重要的是，彩票具有正偏性收益，即彩票具有极小概率获得巨额回报的可能性。基于彩票的特点和已有的理论研究，库马尔（2009）将博彩型股票定义为具有低股价、高特质波动率（idiosyncratic volatility）和高特质偏度等特点的股票。由股价、特质波动率和特质偏度组成的识别指标也成为首个复合指标。利用这一指标，库马尔（2009）将市场中的股票划分为博彩型股票（Lottery－Type）、非博彩型股票（Nonlottery－Type）以及其他股票（Others），并发现以下特点：（1）相比于机构投资者，个人投资者更偏好博彩型股票；（2）博彩型股票的需求在经济衰退时期上升；（3）投资者的个人社会经济特征、宗教信仰都会对投资者的博彩需求产生影响；（4）博彩型股票获得更低的平均收益。库马尔等（2013）使用同样的指标来识别博彩型股票，研究了宗教信仰对博彩偏好的影响。此外，库马尔等（2014）仍以股价、特质偏度和特质波动为识别指标，并利用这三个指标构造了博彩型股票指数（lottery stock index，LIDX），从而可以更简洁直观地表征股票博彩特性的强弱程度。他们研究了博彩型股票与收益联动性的关系，最终发现博彩型股票具有很强的收益联动性。

博耶等（Boyer et al.，2010）认为特质偏度属于滞后偏度（lagged skewness），不能充分地预测偏度。于是，他们构建了预期特质偏度（expected idiosyncratic skewness），并检验了预期特质偏度与股票收益的关系。研究发现：（1）预期特质偏度和收益负相关；（2）高预期特质偏度组合的 Fama－French alpha 显著为负，而低预期特质偏度组合的 Fama－French alpha 显著为正；（3）Fama－MacBeth 回归中的预期特质偏度系数显著为负。这些结论与特质偏度和股票收益之间的关系是相同的。随后，博耶和沃金克（2014）利用预期特质偏度识别股票期权的博彩特性，结果发现预期特质偏度与期权价格也呈负相关关系。库马尔和佩奇（Kumar and Page，2014）

认为预期特质偏度的计算更复杂但其序列更平稳，更适用于机构投资者。因此，他们以预期特质偏度作为博彩型股票的识别指标，分析了机构投资者的博彩行为。

鲍利等（Bali et al.，2011）利用上一个月的最大日收益率（MAX）来衡量股票的博彩特性，并发现MAX大的股票组合，其原始收益率和风险调整收益率均较低。除美国市场外，安纳特等（Annaert et al.，2013）以MAX为博彩特性的识别指标，对欧洲13个国家进行了研究，最终证实欧洲投资者也存在博彩偏好，并导致博彩型股票收益更低和获得负异常收益。沃克什（Walkshäusl，2014）也得到了类似的结论。纳尔泰亚等（Nartea et al.，2014）同样利用MAX来识别韩国市场中的博彩型股票，研究发现博彩偏好同样存在于韩国股票投资者之中，博彩型股票的未来收益更低，并且只能获得负异常收益。

最近五年，国内也逐渐出现有关博彩型股票的实证研究，这些研究基本都是借鉴了国外常用的识别指标。孔东民等（2010）参照库马尔（2009）的方法，研究发现我国股市博彩型股票存在当期的彩票溢价，但该溢价不会持续存在。江曙霞和陈青（2013）则借鉴了鲍利等（2011）的衡量方法，以MAX作为识别博彩型股票的依据，该研究指出博彩型股票的未来收益率相对更低，加入组合收益率后，表征股票博彩特征的变量对股票收益产生了显著影响。但在1997～2001年、2002～2006年、2007～2011年三个时期里，显著性逐渐变小。郑振龙和孙清泉（2013）根据库马尔（2009）的复合指标，提出了另一复合指标——低股价、高MAX和高换手率，其研究发现我国股票市场存在明显的博彩偏好。同时，博彩型股票的年收益率至少低于其他股票5%，只能获得负异常收益。李培馨等（2014）通过以股价、特质偏度和特质波动率构造的博彩型指数来表示股票博彩特性的强弱，他们指出博彩型股票的年收益率比非博彩型股票低10% ~12%，并且发现公司规模、流动性、公司是否ST以及机构持股比例可以调节博彩型指数和股票收益率之间的关系。孔高文等（2014）按照收益偏度、特质波动和股价划分不同类别的股票，考察了中国机构投资者的博彩偏好。

目前国内外的相关研究已经表明，股市参与者具有博彩偏好并导致博彩型股票获得负异常收益的现象，并不是某一股票市场或某一时期所特有的，而是广泛存在于不同地区和不同时期。同时，从已有研究也可以发现，博彩型股票识别指标主要包括特质偏度、最大日收益率、预期特质偏度等单一指标，由股价、特质偏度和特质波动率构成的复合指标以及由股价、最大日收益率和换手率构成的复合指标。

## 2.2 博彩型股票的市场表现特征

关于博彩型股票的市场表现特征，一些国外文献已有涉及，总结归纳为以下几点：（1）博彩型股票的公司特征。库马尔（2009）、鲍利等（2011）等许多研究都发现相比于其他股票，博彩型股票具有公司规模更小，风险因子Beta更大，波动性更强，流动性更差，换手率更高等特点。例如，库马尔（2009）发现1991 ~1996年的美国股市中博彩型股票的平均市场Beta为1.090，非博彩型股票为

0.906，其他股票为0.897；博彩型股票的平均日收益标准差为78.57，非博彩型股票为3.29，其他股票为22.14；博彩型股票的平均Amihud流动性指标为70.16，非博彩型股票为0.465，其他股票为15.13；博彩型股票的平均月换手率为84.72%，非博彩型股票为64.16%，其他股票为57.90%。（2）博彩特性的持续性。鲍利等（2011）以MAX为博彩特性的识别指标，每个月将所有股票划分为十个组合（MAX值越大，则认为该组合的股票博彩特性越强），并计算各组合的月均转换概率矩阵，结果发现在美国市场上，MAX最大组的股票在下个月有35%的可能性仍处于MAX最大组，并有68%的可能性处于MAX较大的前三组。安纳特等（2013）则对欧洲市场进行了相同的分析，结果发现上述两个概率分别为26.1%和52.9%，均大于随机概率10%。可见，欧美股票的博彩特性均具有一定的持续性。（3）博彩特性与行业。库马尔（2009）指出美国市场的博彩型股票具有明显的行业集中现象。其中，能源、采矿、金融服务等行业中博彩型股票的占比最低，而公共事业、消费品和餐饮行业中博彩型股票的占比最高。格林和黄（Green and Hwang，2012）针对IPO股票进行了分析，结果发现消费品、电气设备等行业中的高偏度股票所占比例较高。（4）博彩特性与股票成长性。鲍利等（2011）及其他许多研究发现在控制了账面市值比之后，博彩型股票仍然只能获得较低的未来收益。另外，经过含有账面市值比因子HML的Fama－French三因子模型调整后，博彩型股票收益只能获得负异常收益。张（2010）研究发现相比于账面市值比高的价值股，成长股的收益分布具有显著的超额正偏度，而成长股与价值股的收益差异与它们的偏度差异显著相关。因此，该研究认为“价值溢价”现象部分地源于投资者对收益正偏的博彩性偏好。(5)不同时期的博彩特性。库马尔(2009)的研究证实博彩偏好受到宏观经济环境的影响。在经济衰退时期，投资者对博彩型股票的需求会增加。随后的许多研究开始关注股票博彩特性在不同时期(包括经济周期、市场状态的不同时期)的表现。格林和黄(2012)以五年为一个时间段，验证了美国市场1975~2008年IPO股票的收益正偏性与首日平均收益率具有显著关系，而且不同偏度股票的收益率差异在各时期有明显不同。沃克什(2014)以*MAX*为指标，分析了欧洲1990~2000年和2001~2011年两个时期的股票收益情况，结果发现后一时期的高*MAX*股票收益更低，并且高低*MAX*股票的收益差异更大。在1990~2011年，非博彩型股票的平均月收益率为0.70%，博彩型股票为-0.04%，多空投资组合(高*MAX*-低*MAX*)的Fama-French-Carhart alpha为-0.80($t$=-2.99)。其中，在1990~2000年，非博彩型股票的平均月收益率为0.73%，博彩型股票为0.22%，多空投资组合(高-低)的Fama-French-Carhart alpha为-0.61($t$=-2.25)。在2001~2011年，非博彩型股票的平均月收益率为0.68%，博彩型股票为-0.29%，多空投资组合(高-低)的Fama-French-Carhart alpha为-1.06($t$=-3.05)。多兰等(Doran et al.，2009)研究发现美国股市的博彩型股票在1月份表现好于其他股票，而在余下的月份里则表现不如其他股票；中国股市的博彩型股票则是在春节月份里的表现优于其他股票，并不一定是在1月份。方和托赫(Fong and Toh，2014)发现对股票博彩特性产生影响的是市场投资者的情绪状态，而不是经济情况。

国内有关博彩型股票的研究较少，并且主要关注的是识别指标与股票未来收益的关系，系统研究博彩型股票市场表现特征的文献很少。不过，根据已有研究的实证结果，可以总结出以下几点：（1）博彩型股票的当期收益与未来收益。孔东民等（2010）、徐小君（2010）以及江曙霞和陈青（2013）都发现博彩型股票在当期获得较高收益，而在未来获得较低收益。孔东民等（2010）认为这一现象的原因在于中国股市的知情交易者驱动了博彩型股票的当期溢价，而他们基于私人信息获利后，那些随后进入市场的投资者无法获得超额收益。（2）博彩型股票的公司特征。江曙霞和陈青（2013）、郑振龙和孙清泉（2013）以及李培馨等（2014）都发现博彩型股票往往为高换手率、高波动性、高市场 Beta、低市值的股票。（3）博彩特性的持续性。江曙霞和陈青（2013）发现高 *MAX* 组的股票在下一期往往也有高 *MAX* 特征，这说明股票的 *MAX* 特征具有一定的持续性。不过，郑振龙和孙清泉（2013）计算发现，从样本期内的月份占比来看，博彩型股票的占比平均为 18.55%，最高为 50%，最低为 0.56%。这意味着，在中国股市里，该研究没有发现能够被长期识别为博彩型股票的个股。（4）博彩特性与行业。郑振龙和孙清泉（2013）将股票按照证监会门类行业划分为 13 个行业，通过计算并对比划分行业前后的集中情况，发现没有明显的变化，因此认为我国股市的博彩型股票的行业集中现象并不明显。（5）不同时期的博彩特性。江曙霞和陈青（2013）通过比较不同市场状况，发现 *MAX* 在牛市和熊市中，对未来收益的影响都十分显著，而在平衡市中影响较弱。郑振龙和孙清泉（2013）发现投资者的博彩偏好受宏观经济环境影响，当宏观经济增长速度放缓，人们对经济信息掌握不足时，投资者倾向于追逐博彩型股票。

## 2.3　标准金融学对博彩行为及博彩型股票收益的解释

关于博彩行为和博彩型收益，早期的理论解释是风险喜好假说。早在 20 世纪 50 年代，弗里德曼和萨维奇（Friedman and Savage，1948）就注意到人们在因为厌恶风险而购买保险的同时，也具有购买彩票的风险喜好。马科维茨的两篇经典文献（1952a，1952b）就反映了人类的这两种截然不同的行为模式。一方面，马科维茨（1952b）提出了均值—方差分析框架，标志着现代资产定价理论的开端；另一方面，马科维茨（1952a）扩展了弗里德曼和萨维奇的保险—博彩分析框架。均值—方差分析框架是分析人们应该怎么做（prescribe behavior），它假设风险厌恶行为（比如购买保险）是明智的，而风险喜好行为（比如购买彩票）则是愚蠢的。保险—博彩分析框架是对人们行为的描述（describes behavior），在这一框架下，人们会因为风险喜好而购买彩票。不过，随着金融理论的发展，马科维茨的均值—方差分析框架已经转变成为描述行为的标准框架（Statman，2002）。然而，在均值—方差分析框架中，博彩行为的存在成为无法解释的现象，博彩型收益也成为一种无法被常用资产定价模型所解释的收益率“异象”。于是，学者们首先提出风险喜好假说来解释博彩行为。基于风险喜好假说，人们进行博彩行为是出于对风险的喜好，并且博彩行为的平均收益为负也可以得到解释。

但是风险喜好假说无法解释诸如为什么股票的平均收益高于债券等现象（李培馨等，2014）。

随后，学者们又提出了“偏度偏好假说”，该假说认为人们偏好于正偏的财富分布。人们的博彩行为正是由于人们的这种偏度偏好，而不是风险喜好。在其他条件一定的情况下，投资者会倾向于那些能够提供正偏投资机会的投资产品。戈利克和塔马尔金（Golec and Tamarkin，1998）研究发现人们在赌马时存在大风险赌注异象（long shot anomaly），即小概率且高方差的赌注只能获得较低的平均收益，而大概率且低方差的赌注却获得了相对较高的平均收益。该研究认为人们愿意接受低收益、高方差赌局并不是因为人们有风险喜好，而是因为人们关注赌局收益的偏度。由于赌局收益的方差和偏度高度相关，所以人们对偏度的偏好表现为高方差偏好。斯诺伯格和沃尔弗斯（Snowberg and Wolfers，2010）则从前景理论（prospect theory）的角度对此进行了解释，同样认为偏度偏好比风险喜好更好地解释了人们的博彩行为。

大部分现有文献都是从“偏度偏好假说”的视角对博彩行为及博彩型收益进行分析和解释。“偏度偏好假说”又分为标准金融学和行为金融学两个角度。本节将综述标准金融学中的“偏度偏好假说”对博彩行为以及博彩型收益的解释。2.4 节将重点综述行为金融学框架下的“偏度偏好假说”及其相关研究。

标准金融学认为，诸如 CRRA 效用函数等一般常见的效用函数也表现出偏度偏好，因为这些效用函数的三阶导数为正。在“均值—方差”所假设的投资者多多益善且风险厌恶的基础上，可以考虑投资者对偏度这一高阶矩的偏好态度，进而构建“均值—方差—

偏度”的传统金融模型，来解释偏度偏好和博彩行为。阿迪蒂（Arditti，1967）指出应当在定价模型中纳入投资者对高阶矩的偏好态度。收益率的正偏特征增加了投资者的期望效用，因此大大增加了人们对彩票的热衷程度。

关于加入三阶距的资产定价模型的实证检验。哈维和阿赫塔尔（Harvey and Akhtar，2000）对美国股票的月收益率进行检验，以行业组合和规模—账面市值比组合为检验对象，结果发现系统性偏度的年平均风险升水要求为 3.60%，说明了资产收益率的系统性偏度在经济上的重要性。另外，在组合收益率的横截面回归中，哈维和西迪基（Harvey and Siddique，2000）发现即使控制了账面市值比因子和规模因子，系统性偏度依然具有显著影响。

史密斯（Smith，2007）通过实证发现投资者对正偏度的偏好。具体而言，如果市场收益率表现为正偏，为了得到单位资产组合的系统性偏度，投资者愿意放弃的年化收益率为 7.78%；如果市场表现为负偏的收益率，对于单位系统性偏度，投资者所要求的年化收益率补偿仅为 1.80%。

一些研究发现更加明显的高阶矩特征出现在新兴市场。通过检验新兴市场收益率的高阶矩特征及其风险补偿，黄和萨切尔（Hwang and Satchell，1999）发现与成熟市场相比，高阶矩风险可以更好地解释新兴市场的股票收益率。此外，夏皮罗和张（Shapiro and Zhang，2010）实证分析了 20 个新兴股票市场的收益率高阶矩特征，结果显示具有正偏性收益的股票往往具有较低的期望收益。

从上述文献的研究结论来看，学者们对三阶矩风险的定价问题已基本达成共识，即系统性偏度确实影响了股票的价格和收益，系统性偏度风险在市场中得到了相应的风险补偿。博彩型收益无法被“均值—方差”框架下的资产定价模型所解释，在考虑三阶距偏好之后，博彩型收益可以得到一定解释。不过，根据三阶矩 CAPM 模型，标准金融学的“偏度偏好假说”认为只有系统性偏度才会影响股票价格和收益，而特质偏度（非系统性偏度）不会影响股票价格和收益。然而，许多学者已经证实特质偏度对股票价格和收益有显著影响。事实上，他们认为特质偏度偏好恰恰是赌博动机的反映。因此，标准金融学的“偏度偏好假说”受到质疑。现有文献已经越来越多地从行为金融学框架下的“偏度偏好假设”对博彩行为和博彩型收益进行分析和解释。

此外，在标准金融学框架下，对博彩型收益的解释除了构建三阶矩资产定价模型之外，还有一种角度是构建多因子模型。20 世纪 80 年代以来，金融市场上出现了越来越多的收益率“异象”，如规模效应（size effect）、财务杠杆效应（financial leverage effect）等。具体而言，就是将所有资产的收益率按照某一影响因素的大小排序，如规模效应中按照公司规模排序，然后分成若干个投资组合，已有研究发现这些投资组合表现出了经典定价模型无法解释的异常收益，即出现了所谓的收益率“异象”。法马和弗伦奇（Fama and French，1992，1993）系统地考察了各种收益率“异象”，结果发现在引入规模和账面市值比效应之后，财务杠杆率和市盈率效应等收益率“异象”不再显著。他们还发现含有市场因子、规模因子和账面市值比因子的三因子模型，可以解释 90% 以上的资产收益率截面差异。法马和弗伦奇（1996）进一步采用三因子模型对多种股票收益率“异象”进行了检验。他们的检验结果显示，除动量效应

（momentum effect）之外，三因子模型可以解释其他多种异象。如今，Fama－French 三因子模型已经与经典的“均值—方差”CAPM 模型一起成为资产定价研究的基准模型。当然，此后又出现了一些无法被 Fama－French 三因子模型所解释的新的收益率“异象”，其中就包括本文要研究的博彩型收益异象。

为了解释博彩型收益，一些学者在 Fama－French 三因子模型的基础上构建了含有博彩因子的四因子模型。Fama－French 三因子模型的思路是，既然 CAPM 模型难以被实证支持，那么资产收益率还可能存在其他解释因素。基于同样的思想，钟和格雷（Zhong and Gray，2015）以 MAX 为博彩型股票的识别指标，发现澳大利亚的股票市场同样存在博彩型收益。该研究基于风险观解释，利用 MAX 将股票分组，参照 Fama－French 三因子的方法构建了博彩因子。然后利用两阶段横截面回归（two-stage cross-sectional regression，2SCSR）方法检验博彩因子是否为一个定价因子。不过，研究结果发现博彩因子没有承担显著的风险溢价，不支持风险观解释。

国内研究集中于检验博彩型股票识别指标与未来收益的关系。例如，徐小君（2010）、江曙霞和陈青（2013）、郑振龙和孙清泉（2013）以及李培馨等（2014）都证实了博彩型收益的存在。不过，大部分国内研究对博彩型收益的成因解释都是直接借用国外已有的理论和假说，并没有进行实质性检验。江曙霞和陈青（2013）从标准金融学的“偏度偏好假说”出发，在特定的效用函数形式下，考虑了效用函数的三阶泰勒展开，从理论上证明了投资者为了获得高偏度收益而愿意放弃一部分风险溢价。

## 2.4 行为金融学对博彩行为及博彩型股票收益的解释

行为金融学的“偏度偏好假说”考虑了投资者的非理性因素，从投资者具有心理和行为偏差的视角对博彩行为和博彩型收益进行了解释。布鲁纳迈耶和帕克（Brunnermeier and Parker，2005）认为有远见的个体（forward-lonking agents）关心预期未来效用流，因此乐观主义可以提高他们当前的幸福感。一方面，乐观主义提高了个体的效用水平；另一方面，乐观主义可能导致坏的决策。个体要在收益和需付出的代价之间进行权衡。该研究最终发现，这样的个体在组合选择中会高估投资收益，并表现出偏度偏好。

布鲁纳迈耶等（2007）则进一步研究了最优信念和偏度偏好的关系，以及它们对资产价格的影响。布鲁纳迈耶和帕克（2005）采用相同的信念模型，分析了完全市场经济下的一般情况，结果发现由于乐观主义情绪的存在，投资者对收益率分布的尾部特征过于重视，对概率的主观估计偏离了实际情况，从而表现出偏度偏好。另外，布鲁纳迈耶等（2007）发现偏度偏好具有价格效应，即其他条件不变时，概率较小的状态倾向于获得较低的预期收益。

除布鲁纳迈耶和帕克（2005）、布鲁纳迈耶等（2007）的研究外，关于“偏度偏好假说”的另一经典理论研究是巴伯里和黄（Barberis and Huang，2008）。他们基于特沃斯基和卡尼曼（1992）的累积前景理论，证明了投资者之所以会表现出博彩行为，是因为其对巨额收益概率的高估，更高的概率权重被置于资产收益分布的尾端。因此，具有博彩偏好的投资者会为博彩型股票付出较高的价格，从而使博彩型股票表现出负的风险溢酬。上述研究都发现股票的个体偏度可以被定价，而且正偏股票会被估价过高。

巴伯里等（2014）再次利用前景理论分析了股票收益分布对其收益的影响。他们假设投资者关注股票过去收益的分布，并按照前景理论所描述的方式对股票收益分布进行评估，进而从理论上证明了过去收益分布具有“高前景理论价值”的股票随后获得更低的收益。不过，在实验室外应用前景理论非常困难。根据前景理论框架，决策过程包括两个阶段：早期的编辑阶段和接下来的估值阶段。在第一个阶段，人们对风险进行心理编辑。在前景理论框架下，人们从收益和损失中获得效用，并对与风险相关的收益和损失进行心理编辑。在第二个阶段，人们对第一阶段的编辑结果，即收益和损失的分布进行估价。特沃斯基和卡尼曼（1992）提供了详细的估价公式。利用这一公式，我们可以计算前景理论框架下，人们对任一给定的收益和损失分布的估值。因此，第二个阶段是相对简单的，而第一个阶段很难在实验室外得以应用。我们很难知道一个投资者是如何对一个股票进行编辑的。巴伯里等（2014）的解决方法是假设投资者对股票过去收益的分布进行心理编辑。因为多数投资者认为股票过去的收益分布是股票未来收益分布的简单易得的指标。然后，投资者会根据前景理论对股票过去的收益分布进行估值。如果某一股票的前景理论值较高，投资者就会更多地持有该股票；否则，投资者不会持有。巴伯里等（2014）首先从理论上证明了“高前景理论值”的股票对投资者更有吸引力，导致这类股票被高估，并在随后获得低收益；“低前景理论值”的股票则获得较高收益。另外，巴伯里等（2014）认为个人投资者存在“狭窄框架”（narrow framing）现象，即只关注股票自身的收益分布，而不会考虑整个投资组合的收益分布。而且，个人投资者是对股票过去的收益进行估值，而不是预测股票未来收益再估值。个人投资者的这些特点将使理论证明的收益率与“前景理论值”之间的关系在小规模股票中更为显著，因为这些股票更多地被个人投资者交易。巴伯里等（2014）还通过对美国和46个国家的经验分析证实了这些预测，并在实证中发现“前景理论值”对股票收益的预测力主要源于概率权重（probability weighting）部分。正是对收益分布的尾部赋予过高的权重，导致了人们的博彩行为。该研究进一步将所有股票按“前景理论值”排序分组，结果发现高前景理论值的股票的过去收益具有正偏性，人们对“高前景理论值”股票的热衷可能正是源于人们对博彩型股票的热衷。

库马尔（2009）分析了投资者个人特质对博彩偏好的影响，结果表明年龄更小、财富更少、受教育水平更低、没有职业的单身男性更热衷于博彩型股票。紧接着，库马尔（2009）进一步检验了人们购买博彩型股票究竟是源于博彩偏好，还是其他原因，例如信息优势、过度自信和媒体关注。伊尔科维奇和魏斯本纳（Ivkovic and Weisbenner，2005）发现个人投资者对自身所在地股票的偏好可能是因为他们对这些股票更有信息优势。鉴于此，库马尔（2009）分析了投资者对当地和非当地博彩型股票的投资水平，结果没有显示出投资者购买了更多的当地博彩型股票。另外，博彩型股票具有价格波动大等特点，因而难以估价，这意味着投资者可能是出于过度自信而购买博彩型股票。然而，库马尔（2009）并没有发现博彩型股票购买者表现出过度自信投资者应有的高换手率。另外，库马尔（2009）还检验了投资者购买博彩型股票是否仅仅因为这些股票经常出现在新闻报道里。在剔除那些经常出现在新闻中的股票之后，投资者的个人特质与博彩偏好之间的关系没有改变。这说明新闻不是投资者识别博彩型股票的主要途径。通过一系列检验，库马尔（2009）认为投资者是出于博彩偏好而购买博彩型股票，并对博彩型股票的均衡价格产生了显著影响。

安纳特等（2013）通过实证发现博彩型股票所具有的博彩特征吸引了一部分投资者。同时，由于博彩型股票波动性高，限制了套利者对博彩型股票错误定价的修正。这些因素共同导致博彩型股票获得负风险溢酬。

方和托赫（2014）则从投资者情绪角度对博彩型收益进行解释。该研究发现博彩型收益强烈地依赖于投资者情绪。他们的研究基于以下一系列研究：根据贝克和沃尔格勒（Baker and Wurgler，2006）的结论，投资者情绪可以解释股票收益的截面差异，而且投资者情绪能够捕捉投资者的投机倾向，很好地反映股票市场的暴涨和暴跌情况。另外，斯坦博等（Stambaugh et al.，2012）通过实证发现 Baker - Wurgler 情绪指数高涨期之后，很多资产价格异象都变得更加显著。根据米勒（Miller，1977），由于卖空限制，股票价格反映的是最乐观投资者的观点。因此，方和托赫（2014）认为投资者情绪也反映了投资者对市场的乐观和悲观程度。根据布鲁纳迈耶等（2007）的最优预期理论，投资者情绪是投资者这种信念的重要反映，即投资者情绪高涨时，投资者对博彩型股票的未来支付更加乐观，导致博彩型股票获得更低的异常收益。方和托赫（2014）的实证结果证实了投资者情绪的高涨会导致博彩型收益更加明显。

国内文献对博彩行为和博彩型收益的原因分析很少，基本都是直接借用国外非理性模型的结论。无论是理论分析，还是实证检验已有的理论解释，国内研究都很少涉及。徐小君（2010）以巴伯里和黄（2008）的理论研究为出发点，构建了投资者关注股票个体特征的理论模型，从理论上说明了投资者除了关注标准金融学认为的股票市场总体风险外，也关注公司的特质风险，其中就包括个体偏度。该研究认为投资者偏好公司特质风险大的博彩型股票，并对这些股票估价过高，导致这些股票随后只能获得较低的收益。

## 2.5 简要评述

通过以上四个方面的文献介绍，本书认为现有研究存在一些不足和局限性，具体如下：

第一，关于博彩型股票的识别分析。博彩型股票的识别是相关研究的基础性问题。然而，各种识别指标无论是从理论解释，还是从经验证据来看，它们都具有较大差异。具体而言，目前国内外相关研究关于各种识别指标存在如下争议：（1）单一指标与复合指标，哪种指标更有效？（2）事前指标与预测指标，哪种指标更有效？（3）指标的可观测性是否影响其识别能力？（4）识别结果存在差异。那么，哪种指标最有效，基于何种指标的经验分析是更可靠的？上述关于识别指标的诸多争议和疑问表明，我们对博彩型股票的识别缺乏判断标准，无法对各指标的识别能力进行比较和分析。为此，我们需要提出合适的判断标准，并找到最适用于中国股票市场的博彩型股票识别指标。

第二，关于博彩型股票的市场表现特征。目前国内研究对博彩型股票市场表现特征的分析很少，而且是零散的。国内研究没有分析不同指标对博彩型股票市场表现特点的识别差异。另外，多数国内研究直接借鉴国外的方法分析中国股市的博彩型股票，但中国股市具有不同于成熟市场的特点，因此有必要对国内外的相关研究结果进行比较分析。

第三，关于博彩型收益的解释。国内相关研究为博彩型收益的存在性提供了经验证据，但绝大多数研究没有对博彩型收益的存在原因进行解释。通过文献回顾可知，标准金融学对博彩型收益的解释主要有两个角度。第一个是标准金融学框架下的“偏度偏好假说”视角。根据该假说，投资者偏好于资产收益的正偏性，进而导致这类股票被高估，最终获得负异常收益。不过，标准金融学的“偏度偏好假说”认为只有系统性偏度对资产价格有影响，而非系统性偏度并不会影响资产价格。然而，大量研究（包括本书第 3 章）证实特质偏度对资产价格和收益有显著影响。因此，标准金融学的“偏度偏好假说”存在局限性。第二个是构建博彩因子，利用多因子定价模型检验博彩型收益是否源于遗漏了某种系统性风险。这一角度被称为博彩型收益的风险观解释。另外，相比于标准金融学，行为金融学视角的“偏度偏好假说”更符合博彩型股票的现实表现。不过，国内文献对风险观解释和行为金融学框架下的“偏度偏好假说”都没有进行过实质性的检验。

鉴于已有研究的上述不足和局限性，本书进行了一定程度的完善和改进。由于博彩型股票的识别是相关研究的基础性问题，因此本书从识别分析出发，再到市场表现分析的现象研究，最后是博彩型收益的成因研究，层层深入，形成了本书的研究框架。遵循这一框架，本书提出以博彩型股票的两个重要特征作为判断标准，全面比较各指标的识别能力，选择出识别能力较好的指标。在此基础上，为了能够更深入地了解中国股市博彩型股票的特点，本书从博彩型股票的公司特征、行业特征，以及股票博彩性的持续性和时变性等多个维度进行了详细研究。同时，比较本书与国外相关文献的研究结果。最后，分别从模型误设和行为偏差两个视角对博彩型收益的成因进行检验。通过“识别研究—现象研究—原因研究”的研究思路，本书系统地分析了中国股市的博彩型股票。

# 第 3 章

# 中国博彩型股票的识别分析

## 3.1 问题提出

股市参与者的博彩行为，表现为购买那些能够以小概率获取较大收益的股票。由于这类股票具有与彩票相类似的特征，因而它们被称为“彩票型股票”或“博彩型股票”。博彩型股票的识别是研究投资者博彩行为的基础性问题。虽然博彩型股票没有一个准确而完善的定义（Kumar，2009），但得益于近年来对风格特征、分类标准和博彩特征的逐渐清晰（孔东民等，2010），学者们已经利用股票交易数据，构造了多种间接的博彩型股票识别指标。这些识别指标主要可以分为两类：一类是单一指标，如特质偏度、最大日收益率和预期特质偏度；另一类是复合指标，该类指标包含多个维度，一般是在某种常用的单一指标基础上增加其他维度复合而成，如由股价、特质偏度、特质波动构成的复合指标，以及由股价、最大日收益率、换手率构成的复合指标。

不过，各种识别指标无论从理论解释，还是从经验证据来看，都具有较大差异。具体而言，目前国内外相关研究关于各种识别指标存在如下争议：（1）单一指标与复合指标，哪种指标更有效？譬如，郑振龙和孙清泉（2013）认为单一指标可能造成博彩型股票的识别不当，因而复合指标可以更有效地识别股票的博彩特性。但由于缺乏判断标准，以往文献并没有真正比较过两者的识别能力。（2）事前指标与预测指标，哪种指标更有效？现有研究主要从博彩型股票应“能够以小概率获取较大收益”这一特点来构建识别指标，因此，大多数指标均与收益正偏性有关。这种做法的问题在于，本来应该将在未来收益正偏的股票作为博彩型股票，而利用历史交易数据构建的识别指标是事前指标，它们只能找到“看似可能”的博彩型股票（Kumar，2009）。鉴于此，博耶等（2010）构造了预期特质偏度这一预测性指标，以更好地预测收益偏度。不过，在中国股票市场中，预期特质偏度是否优于其他事前指标还有待检验。（3）指标的可观测性是否影响其识别能力？从特质偏度到预期特质偏度，博彩型股票识别指标的计算愈发复杂，已经不具有良好的可观测性。有些学者（Kumar，2009；郑振龙和孙清泉，2013；江曙霞和陈青，2013）提出质疑，他们认为过于复杂的指标可能让投资者难以把握，这类指标并不具有实用性。那么，指标的可观测性究竟是否会影响其识别能力，这也是一个有待检验的问题。（4）识别结果存在差异。以国内研究为例，郑振龙和孙清泉（2013）以股价、最大日收益率和换手率为识别指标，分析了 1997 年 1 月至 2011 年 12 月所有 A 股股票，发现博彩型股票的月收益率均值为 0.42%，非博彩型股票的月收益率均值为 1.10%，博彩型股票的年收益率至少低于其他股票 5%。李培馨等（2014）在相同的样本区间内，以股价、特质偏度和特质波动率为识别指标，研究得到博彩型和非博彩型股票的等权重平均收益率分别为 1.060% 和 2.070%，前者的年收益率比后者低 10% ~12%。可见，各指标对股票博彩特性强弱的识别结果是有差异的。那么，哪种指标最有效，基于何种指标的经验分析是更可靠的？

上述关于识别指标的诸多争议和疑问，表明我们对博彩型股票的识别缺乏判断标准，无法对各指标的识别能力进行比较和分析。为了能够检验各指标的识别能力，本书首次根据彩票的概念提出了博彩型股票的两个基本特征——收益正偏性和获得负异常收益，并将它们作为判断各指标识别能力的标准。本章的研究目标就在于依据本书提出的两个博彩型股票基本特征，检验各指标的识别能力，从而找到最适用于中国股票市场的博彩型股票识别指标，为后文的进一步研究奠定基础。

为了找到合适的判断标准，本章结合彩票的概念，提出了博彩型股票所具有的两个基本特征。第一，收益具有正偏性。博彩型股票与彩票都具有以小概率获取巨大回报的收益特征，或者说资产收益分布的右侧尾端更大，即收益分布具有“正偏性”。第二，获得负异常收益。彩票给投资者带来的期望收益为负。与此类似的是，博彩型股票在未来获得负异常收益。根据标准金融学的风险观解释，常见的定价模型（如 Fama - French 三因子模型）中遗漏了某种“系统性风险”，导致博彩型股票经过这些定价模型风险调整后表现出负异常收益（Zhong and Gray，2015）。根据行为金融学的偏度偏好假说，股票的价格是不断变化的，而投资者对收益正偏股票的偏好对股票的均衡价格产生了显著影响。这种“偏度偏好”使收益正偏的股票被高估，最终导致这类股票只能获得负异常收益（Brunnermeier et al.，2005，2007；Mitton and Vorkink，2007；Barberis and Huang，2008）。

本章将基于这两个基本特征，利用中国股市实际数据，通过组合价差法和 Fama – MacBeth 回归，全面比较分析各指标对股票博彩特性的识别能力，其中包括国内相关研究尚未使用过的预期特质偏度，进而选择出适用于中国股市的最优识别指标。此外，基于各识别指标，本章还构建了博彩型股票指数（*LIDX*）。虽然李培馨等（2014）构造了基于复合指标的博彩型指数，不过该指数存在一定缺陷，比如无法表示非博彩型股票，本章将对此进行改进。修改后的博彩型股票指数可以更清晰、准确地表征股票博彩特性的强弱程度。

## 3.2 样本数据

本章的研究对象是在上海证券交易所和深圳证券交易所上市交易的所有 A 股股票。由于 ST、PT、复牌和首日上市股票的涨跌幅限制不同于正常交易的股票，因此本章剔除了样本期内这四类股票的观测值。另外，本章还剔除了每月交易次数不足 15 天的数据以及年交易月份不足 6 个月的股票数据。最终共有 2 337 只股票进入样本。鉴于中国股市自 1996 年 12 月开始实施涨跌停板制度，我们选择的样本期间为 1997 年 1 月 1 日至 2015 年 8 月 31 日，尽量使本章的研究结果不受市场制度变化的影响。由于各个识别指标的计算需要（具体计算方法详见 3. 3. 1 小节），本章实证分析所用样本期间实际为 1999 年 3 月 1 日至 2015 年 7 月 31 日，共 197 个月。

本章采用组合价差法和 Fama – MacBeth 回归这两种常用的资产价格实证研究方法。组合价差法的优点是可以简单、直观地判断各指标下博彩型股票是否具有正偏性收益和负异常收益。不过，它难以获得识别指标对股票收益率及其偏度的边际贡献。因此，本章进一步利用 Fama – MacBeth 回归，以检验何种识别指标对股票收益率有最多的负向贡献，并对股票收益率偏度有最多的正向贡献。

在组合价差法的稳健性检验和多元回归中，本章还将使用如下一些控制变量：公司规模（*Size*）、账面市值比（*BM*）、月非流动性因子（*ILLIQ*）、月交易量（*Vol*）、月收益率（*Ri*）、月收益波动率（*Std*）、月风险因子（*Beta*）。其中，公司规模由个股各月的流通市值表示；账面市值比为个股各月的市净率的倒数；月非流动性因子采用阿米胡德（Amihud，2002）的方法计算，即个股日收益率绝对值与日交易额比值的月内均值；月风险因子为根据资本资产定价模型，运用最近 1 年的数据估计出来的贝塔系数。由于 *Size* 和 *Vol* 数值远远大于其他变量，故本章在回归分析中对 *Size* 和 *Vol* 取了以 10 为底的对数，而 *ILLIQ* 数值较小，故对其取了自然对数，以尽量使所有变量的数值保持在同一量级。本章的重要被解释变量为收益率偏度（*Skew*）和收益率（*Return*）。其中，股票收益率偏度（*Skew*）分为个股月收益率偏度（*FSkew*）和组合收益率偏度（*PSkew*）。前者由股票月内日收益率的三阶矩计算得到，后者为组合收益的时间序列偏度。收益率也分为个股月收益率（*FReturn*）和组合月收益率

(*PReturn*)，前者直接取自国泰安 CSMAR 中国股票市场交易数据库中的“考虑现金红利再投资的月个股回报率”，后者为组合内各股票的月收益率均值。另外，本章所使用的中国股市流通市值加权的 Fama - French 三因子数据以及无风险收益率数据来自北京聚源锐思数据科技有限公司开发的锐思金融研究数据库（www. resset. cn），其余数据均来自深圳市国泰安教育技术股份有限公司开发的国泰安 CSMAR 系列研究数据库。

## 3.3 实证指标与方法说明

### 3.3.1 博彩型股票的识别指标

总结国内外相关研究，目前最常用的 5 种识别指标为特质偏度，最大日收益率，预期特质偏度，以及由股价、特质偏度、特质波动构成的复合指标，由股价、最大日收益率、换手率构成的复合指标。为了全面分析各指标的识别能力，本章除了检验这五个指标外，也将对复合指标所涉及的股票价格、特质波动率和换手率进行检验。

**1. 股票价格（*Price*）**

本章采用 $t-2$ 月末的股票价格，以避免 $t-1$ 月末股价可能产生的微观结构因素及中国股市涨跌停板对衡量指标的影响（李培馨等，2014）。关于股票价格，实际上，并没有相关理论明确指出低股价是股票博彩特征的一个关键维度。库马尔（2009）最先提出低股价是博彩型股票的特点之一，但也没有从理论上进行解释。从现有文献来看，股价也只是复合指标的一个维度，并不作为独立指标使用。

**2. 特质偏度（*IS*）**

由于偏度偏好假说的提出和发展，特质偏度成为最常用的识别指标之一。一些文献将特质偏度作为单一指标来使用，也有文献将其作为复合指标的一个维度。特质偏度是股票收益偏度的非系统性部分，标准金融学认为只有系统性偏度才会影响股票价格，而行为金融学则认为特质偏度也会影响股票价格。相关经验研究也证实了行为金融学的观点，并认为非系统性偏度恰恰反映了投资者的博彩动机——特质偏度越大，股票的博彩特性越强。

为了计算股票的特质偏度，需要先进行如下式的 Fama - French 三因子回归①：

$$r_{i,d} - r_{f,d} = \alpha_{i,d} + \beta_{MKT,d}(MKT_d - r_{f,d}) + \beta_{SMB,d}SMB_d + \beta_{HML,d}HML_d + \varepsilon_{i,d} \tag{3-1}$$

其中，$r_{i,d}$是股票 $i$ 在第 $d$ 日的收益率；$r_{f,d}$是第 $d$ 日的无风险利率；$\alpha_{i,d}$是股票 $i$ 在第 $d$ 日的回归常数项；$MKT_d$、$SMB_d$ 和 $HML_d$ 分别是第 $d$ 日的市场溢酬、规模因子和账面市值比因子；$\beta_{MKT,d}$、$\beta_{SMB,d}$和 $\beta_{HML,d}$分别是股票收益率对三个因子的回归系数；$\varepsilon_{i,d}$是股票 $i$ 在第 $d$ 日的回归残差项。

已实现的（事后）特质波动率 $IV_{i,t}$和特质偏度 $IS_{i,t}$分别按照

① 根据吴世农和许年行（2004）等研究表明，Fama - French 三因子模型比 CAPM 模型更好地解释了中国市场股票横截面收益的变化，而 Fama - French 四因子模型中的动量因子期限还存在一定争议，故本书最终选择 Fama - French 三因子模型。

式（3-2）和式（3-3）计算：

$$IV_{i,t} = \left(\frac{1}{N(t)}\sum_{d\in S(t)}\varepsilon_{i,d}^{2}\right)^{\frac{1}{2}} \tag{3-2}$$

$$IS_{i,t} = \frac{1}{N(t)}\frac{\sum_{d\in S(t)}\varepsilon_{i,d}^{3}}{IV_{i,t}^{3}} \tag{3-3}$$

其中，$S(t)$ 表示计算期内的交易日集合，$N(t)$ 表示 $S(t)$ 集合中交易日的天数。本章采用 $t-6$ 到 $t-1$ 共6个月的日收益率数据，根据式（3-2）和式（3-3）计算股票 $i$ 在第 $t$ 月的特质波动率和特质偏度。

**3. 特质波动率（*IV*）**

库马尔（2009）将特质波动率作为识别博彩型股票的复合指标的一个维度，其原因是博彩型股票具有高风险，而且直觉上波动较大的股票会有更大的可能出现巨额回报。因此，作为股票收益波动的非系统性部分，特质波动率越大，股票越可能是博彩型的。不过，特质波动率与股票价格类似，一般只是以复合指标的形式使用，并不作为独立的识别指标。特质波动率也是计算特质偏度和预期特质偏度的基础指标，其计算方法如式（3-2）所示。

**4. 最大日收益率（*MAX*）**

自鲍利等（2011）利用 *MAX* 衡量股票的博彩特征以来，*MAX* 已成为常用的识别指标之一。国外文献通常将某月内的最大日收益率作为 *MAX*。不过，由于中国股市涨跌停制度的存在，单日 *MAX* 可能无法充分体现股票特征，因此国内文献通常使用 *N* 个最大日收益率之和或平均值来计算 *MAX*（江曙霞和陈青，2013；郑振龙和孙清泉，2013）。本章采用上一个月3个最大日收益率的平均值来计算 *MAX*，以尽量减轻中国股市涨跌停制度的影响。

从经济直觉上，*MAX* 与 *IS* 具有一定联系，因为高 *IS* 意味着该股票收益具有较大正偏性，人们预测该股票大涨的概率较高，而高 *MAX* 正是这一正偏性的直接表征。*MAX* 也符合投资者往往倾向于用"简单外推法"来推断股价走势的习惯，高 *MAX* 意味着该股票曾出现过暴涨，这可能让投资者预期该股票在未来也会大涨（郑振龙和孙清泉，2013）。另外，相比于 *IS*，*MAX* 的计算方法简单得多。库马尔（2009）就已经意识到 *IS* 和 *IV* 计算复杂，个人投资者不大可能通过计算这些指标来选择投资对象。*MAX* 的可观测性和计算简便性都优于 *IS*。鉴于 *IS* 与 *MAX* 的关系，本章预期它们会有较大的相关性。与 *IS* 相同，*MAX* 的取值越大，则股票越具有博彩性。

**5. 换手率（*Turn*）**

换手率一般作为 *IV* 的替代变量，因为它们都可以用来表示股票的活跃性，而且换手率的计算比 *IV* 更为简单。不过，相比于 *IV*，换手率蕴含着多重信息。比如，换手率也经常被用来衡量流动性、异质信念和投资者情绪等。这有可能导致换手率的识别能力并不十分理想。本章采用上一个月的换手率，其计算方法为：换手率 = 每月的交易股数/每月的流通股数。

**6. 预期特质偏度（*EIS*）**

预期特质偏度是事前的、未实现的特质偏度，计算最为复杂。哈维和西迪基（2000）发现已实现的特质偏度时间序列不平稳。另外，相比于已实现的特质偏度，预期特质偏度可能更适用于衡量更为专业化的机构投资者的博彩偏好（Kumar and Page，2014）。

为了计算预期特质偏度，需要进行如式（3－4）的横截面回归：

$$IS_{i,t} = \beta_{0,t} + \beta_{1,t} IS_{i,t-T} + \beta_{2,t} IV_{i,t-T} + \gamma_t X_{i,t-T} + \varepsilon_{i,t} \qquad (3-4)$$

其中，$IS_{i,t-T}$、$IV_{i,t-T}$分别按照式（3－2）和式（3－3）计算；$X_{i,t-T}$表示一系列与公司特征相关的变量，均为 $t-T$ 月末的可观测值，具体包括动量（各股票在 $t-T-12$ 月至 $t-T-1$ 月之间的累积收益率）、换手率和流通市值。

需要说明的是 $T$ 的取值。虽然国内文献从未将 *EIS* 作为博彩型股票的识别指标，但郑振龙等（2013）曾分析过 *EIS* 的提取及其与收益率的关系。该研究表明特质偏度的巨幅波动始于2006 年初，因此将样本期分为2006 年之前和之后两段，并且发现在这个分样本区间内，$T$ 的取值分别为 12 和 6 可以使数据拟合效果达到最优。据此，本书在 1997 年 1 月 1 日至 2005 年 12 月 31 日的样本区间内，$T$ 取值为 12；在 2006 年 1 月 1 日至 2015 年 8 月 31 日的样本区间内，$T$ 取值为 6。用式（3－4）估计参数的好处在于用月度滚动的方法得到已实现的特质波动率和特质偏度，可以充分利用数据，保证数据的有效性。同时，回归方程的自变量和因变量样本完全不重叠，保证了回归方程在计量上的有效性（郑振龙等，2013）。

利用式（3－4）估计出 $t$ 月末市场上的$\hat{\beta}$值，再进行式（3－5）的计算，即可获得预期特质偏度。

$$E_t[IS_{i,t+T}] = \hat{\beta}_{0,t} + \hat{\beta}_{1,t}IS_{i,t} + \hat{\beta}_{2,t}IV_{i,t} + \hat{\gamma}_t X_{i,t} \qquad (3-5)$$

**7. 复合指标 *Com*1（股价、特质偏度、特质波动率）**

复合指标 *Com*1 使用 *IV* 的理由是，*IV* 大的股票，其市场表现更活跃，更可能出现高收益。另外，库马尔（2009）认为投资者可能更喜欢进行廉价赌博，所以倾向于购买价格较低且波动较大的收益正偏性股票。在实证分析中，使用复合指标 *Com*1 的一般方法是，每个月将所有股票分别单独按 *IS* 和 *IV* 从低到高排序分组、按 *Price*

从高到低排序分组，将同时满足 *Price* 最低、*IS* 最高、*IV* 最高的一组股票定义为“博彩型（lottery）股票”，将同时满足 *Price* 最高、*IS* 最低、*IV* 最低的一组股票定义为“非博彩型（no-lottery）股票”，其余为“其他股票”。各维度指标的计算方法如前文所述。

**8. 复合指标 *Com2*（股价、最大日收益率、换手率）**

构建复合指标 *Com*2 的理由与 *Com*1 基本相同，只是使用计算更为简单、更具直观性的 *MAX*、*Turn* 分别替换了计算复杂的 *IS*、*IV*。使用复合指标 *Com*2 的一般方法也与 *Com*1 类似。各维度指标的计算方法如前文所述。

### 3.3.2　博彩型股票指数（*LIDX*）与分组方法

利用各指标识别股票博彩特征的一般做法是，每个月按照各指标（正向指标为从低到高，反向指标为从高到低）将所有股票排序并分为若干个（如5个、10个）投资组合。将第一组所包含的股票称为“非博彩型（no-lottery）股票”，最后一组股票为“博彩型（lottery）股票”，其余几组股票为“其他股票”。

本章在进行组合价差法分析和 Fama - MacBeth 回归分析时，参照库马尔等（2014）构造了如下的博彩型股票指数（lottery stock index，LIDX）。该指数可以更清晰准确地表示各股票博彩特性的强弱，并且其取值标准化为0～1之间。因此，在各种分析中，使用 *LIDX* 比进行简单分组更为方便灵活。虽然按单指标 *LIDX* 进行分组的结果与按原始单指标的分组结果相同，不过为了统一和便于比较，本章为单一指标也构成了类似于复合指标的 *LIDX*。在组合价差法中，根据各指标的 *LIDX* 将股票从低到高排序并分为5 组进行比较分析；在 Fama－MacBeth 回归中，将以各指标的 *LIDX* 为核心解释变量进行回归分析。*LIDX* 的具体计算方法：

对于单一指标，以 *IS* 为例，每个月都将股票按 *IS* 从低到高进行排序并分为20 组，记为 $R=1, 2, \cdots, 20$。那么，以 *IS* 为识别指标的博彩型股票指数（$LIDX_{IS}$）如下：

$$LIDX_{IS} = (R-1)/(20-1) \tag{3-6}$$

余下的五个单一指标，除 *Price* 是按从高到低排序外，其余计算方法均与 $LIDX_{IS}$ 相同。

对于复合指标，例如，以 *Com*1 作为识别指标时，每个月先按照 *Price* 从高到低将所有股票排序并分为 20 组，记为 $R_P=1, 2, \cdots, 20$；再按 *IS* 从低到高排序并分为 20 组，记为 $R_{IS}=1, 2, \cdots, 20$；最后，按 *IV* 从低到高排序并分为 20 组，记为 $R_{IV}=1, 2, \cdots, 20$。那么，对于每只股票，按三个维度分别分组后，$R = R_P + R_{IS} + R_{IV} = 3, 4, \cdots, 60$。以 *Com*1 为识别指标的博彩型股票指数（$LIDX_{Com1}$）如下：

$$LIDX_{Com1} = (R-3)/(60-3) \tag{3-7}$$

对于复合指标 *Com*2 进行类似的操作，即可得到 *Com*2 的博彩型股票指数 $LIDX_{Com2}$。该指数的取值介于 0 到 1 之间，其数值越大，则股票的博彩特质越强，0 表示该股票不具有博彩性，而 1 表示该股票具有最强的博彩特征。

### 3.3.3 各实证指标的描述性统计分析

表 3－1 是包括博彩型股票识别指标在内的所有本章样本数据的

描述性统计分析。股价的均值为12.80，标准差为10.90。*IS*的均值为0.8432，说明*A*股股票的特质偏度平均为正。相比于其他单一指标，*IS*波动较大。*IV*的均值为0.0207，相比于其他单一指标，其波动性最小。*MAX*的均值为0.0421，这意味着A股股票最大日收益率平均为4.21%。*Turn*的均值为0.4525，标准差为0.4549，说明A股股票月换手率较高且波动较大。*EIS*的均值为1.6519，标准差为0.6217，波动也较大。*BM*均值为0.4162，意味着平均而言，市值是账面值的2.40倍，说明A股股票的平均估值水平较高。A股股票收益率的平均偏度为0.0246，平均收益率为0.0202。

**表3-1　　描述性统计分析**

| 变量 | 均值 | 标准差 | 最小值 | 25%分位数 | 中位数 | 75%分位数 | 最大值 |
|---|---|---|---|---|---|---|---|
| *Price*（元） | 12.80 | 10.90 | 1.46 | 6.59 | 10.00 | 15.28 | 263.83 |
| *IS* | 0.8432 | 0.7795 | -4.5597 | 0.3694 | 0.8684 | 1.3287 | 5.6213 |
| *IV* | 0.0207 | 0.0068 | 0.0039 | 0.0158 | 0.0200 | 0.0249 | 0.0620 |
| *MAX* | 0.0421 | 0.0213 | -0.0015 | 0.0258 | 0.0372 | 0.0546 | 0.1016 |
| *Turn* | 0.4525 | 0.4549 | 0.0009 | 0.1435 | 0.3035 | 0.6058 | 6.6864 |
| *EIS* | 1.6519 | 0.6217 | -2.8545 | 1.3400 | 1.6800 | 2.0173 | 4.8539 |
| *Size* | 6.3952 | 0.5427 | 4.8906 | 6.0128 | 6.3544 | 6.7121 | 9.3361 |
| *BM* | 0.4162 | 0.2742 | 0.0036 | 0.2226 | 0.3502 | 0.5366 | 3.4852 |
| *ILLIQ* | -7.4425 | 1.4621 | -13.8155 | -8.4319 | -7.5165 | -6.4859 | 1.2332 |
| *Vol* | 7.8617 | 0.6041 | 4.6297 | 7.4679 | 7.8881 | 8.2695 | 10.6387 |
| *Std* | 0.0275 | 0.0123 | 0.0002 | 0.0186 | 0.0249 | 0.0341 | 0.1004 |
| *Beta* | 1.0939 | 0.2559 | -1.4742 | 0.9443 | 1.0945 | 1.2475 | 4.6830 |
| *FSkew* | 0.0246 | 0.7304 | -3.8087 | -0.4253 | 0.0027 | 0.4513 | 4.4721 |
| *FReturn* | 0.0202 | 0.1465 | -0.6730 | -0.0655 | 0.0083 | 0.0912 | 4.0511 |

表3 -2 为各单一指标之间及其与个股收益率、偏度的相关系数矩阵。需要注意的是，在6 个单一指标中，除 *Price* 为博彩特征的反向指标外，其余单指标均为博彩特征的正向指标。

**表3 -2　　　　识别指标与个股收益率、偏度的相关系数**

| 变量 | *Price* | *IS* | *IV* | *MAX* | *Turn* | *EIS* | *FSkew* | *FReturn* | *FAR* |
|---|---|---|---|---|---|---|---|---|---|
| *Price* | 1 | | | | | | | | |
| *IS* | -0.145 | 1 | | | | | | | |
| *IV* | 0.219 | 0.075 | 1 | | | | | | |
| *MAX* | 0.013 | 0.199 | 0.457 | 1 | | | | | |
| *Turn* | -0.030 | 0.077 | 0.406 | 0.503 | 1 | | | | |
| *EIS* | -0.349 | 0.365 | -0.394 | -0.162 | -0.149 | 1 | | | |
| *FSkew* | 0.073 | 0.166 | 0.081 | 0.443 | 0.043 | -0.033 | 1 | | |
| *FReturn* | -0.014 | -0.027 | -0.036 | -0.049 | -0.055 | -0.034 | -0.034 | 1 | |
| *FAR* | -0.075 | -0.019 | -0.054 | -0.068 | -0.064 | 0.024 | -0.044 | 0.750 | 1 |

从偏度来看，在相关性的初步分析中，*Price* 应与其余指标负相关，与 *FSkew* 负相关；其余单一指标应与 *FSkew* 正相关。观察表3 -2，虽然 *Price* 与其余大部分单一指标确实为负相关，但 *Price* 并不能识别出博彩型股票的重要偏度特征，它与 *FSkew* 的相关性不符合预期。除 *EIS* 之外，其余四个单一指标之间为正相关关系，且与 *FSkew* 的相关性符合理论预期。相比较而言，与 *FSkew* 正相关性较高的是 *MAX* 和 *IS*。

从收益率来看，所有指标均与 *FReturn* 呈现负相关关系，这说明博彩型股票获得更低的收益率。其中，*IV*、*MAX* 和 *Turn* 与 *FReturn* 的负相关性最高。从异常收益率 *FAR*（由个股当月收益率经

Fama－French三因子模型调整得到）来看，*IS*、*IV*、*MAX*、*Turn* 与 *FAR* 负相关，即股票博彩型越强，股票的异常收益越低，符合理论预期。其中，*MAX* 与 *FAR* 的负相关性最高。总体而言，表3－2的相关性分析的结果表明，*MAX* 是较好的博彩型股票识别指标。

另外，表3－2显示出 *IS* 与 *EIS*、*MAX* 之间的相关性高于 *IS* 与其他指标的相关性，这与它们具有一定关联性是一致的。至于 *EIS*，它与 *FSkew* 和 *FAR* 相关关系不符合理论预期，并且与多个正向指标负相关。可见，*EIS* 对中国股市而言，它对博彩特征的识别能力较差。

表3－3则是在原指标基础上构建的 *LIDX* 之间及其与个股偏度、收益率的相关性分析。各单一指标 *LIDX* 的相关情况与表3－2类似。需要注意的是，虽然 *Price* 本身是博彩特征的反向指标，但 $LIDX_{Price}$ 已经转化为正向指标。由表3－3可知，由复合指标构建的 *LIDX* 也具有一定的博彩特征识别能力。具体而言，$LIDX_{Com1}$ 和 $LIDX_{Com2}$ 均与 *FSkew* 正相关，与 *FReturn*、*FAR* 负相关。有趣的是，这两个复合指标 *LIDX* 的识别能力分别弱于由各自包含的单指标构建的 *LIDX*，即 $LIDX_{IS}$ 和 $LIDX_{MAX}$，导致该结果的原因可能是复合指标中的其他维度具有较差的识别能力，这降低了复合指标的表现。综合表3－3中各指数的相关性表现，最好的识别指标仍为 *MAX*。

**表3－3　　　　*LIDX* 与个股收益率、偏度的相关系数**

| 变量 | $L_P$ | $L_{IS}$ | $L_{IV}$ | $L_{MAX}$ | $L_{Turn}$ | $L_{EIS}$ | $L_{Com1}$ | $L_{Com2}$ | *FSkew* | *FReturn* | *FAR* |
|---|---|---|---|---|---|---|---|---|---|---|---|
| $L_P$ | 1 | | | | | | | | | | |
| $L_{IS}$ | 0. 176 | 1 | | | | | | | | | |

续表

| 变量 | $L_P$ | $L_{IS}$ | $L_{IV}$ | $L_{MAX}$ | $L_{Turn}$ | $L_{EIS}$ | $L_{Com1}$ | $L_{Com2}$ | *FSkew* | *FReturn* | *FAR* |
|---|---|---|---|---|---|---|---|---|---|---|---|
| $L_{IV}$ | -0. 274 | 0. 105 | 1 | | | | | | | | |
| $L_{MAX}$ | -0. 053 | 0. 179 | 0. 440 | 1 | | | | | | | |
| $L_{Turn}$ | -0. 028 | 0. 076 | 0. 398 | 0. 465 | 1 | | | | | | |
| $L_{EIS}$ | 0. 364 | 0. 351 | -0. 371 | -0. 161 | -0. 132 | 1 | | | | | |
| $L_{Com1}$ | 0. 519 | 0. 738 | 0. 477 | 0. 326 | 0. 256 | 0. 196 | 1 | | | | |
| $L_{Com2}$ | 0. 465 | 0. 223 | 0. 298 | 0. 729 | 0. 741 | 0. 032 | 0. 567 | 1 | | | |
| *FSkew* | -0. 066 | 0. 163 | 0. 083 | 0. 464 | 0. 027 | -0. 033 | 0. 104 | 0. 223 | 1 | | |
| *FReturn* | 0. 019 | -0. 029 | -0. 032 | -0. 042 | -0. 039 | -0. 036 | -0. 024 | -0. 032 | -0. 034 | 1 | |
| *FAR* | 0. 082 | -0. 019 | -0. 052 | -0. 063 | -0. 052 | 0. 020 | -0. 007 | -0. 019 | -0. 044 | 0. 750 | 1 |

## 3.4 各指标识别能力的检验结果

### 3.4.1 组合价差分析

**1. 各组合的偏度与收益率表现**

本节主要使用组合价差法进行分析，即分别按各指标的 *LIDX* 将所有样本股票等分为 5 组，然后计算、比较各组合的收益率偏度 *PSkew* 和平均未来收益率 *PReturn*（即下一期组合内各股票的月收益率均值）。另外，本节还计算了各 *LIDX* 值最低的非博彩型投资组合与 *LIDX* 值最高的博彩型投资组合之间的偏度差和收益率差。

观察表 3 -4，与相关性分析结果基本一致，指标 *Price*、*EIS* 和 *Turn* 不具有良好的识别能力，其余指标均具有一定的识别股票博彩特征的能力。按 *IS*、*IV*、*MAX*、*Com*1 和 *Com*2 识别出的 5 个组合表现出相似的变化规律，即由组合 $T_1$ 到组合 $T_5$ 均呈现偏度递增、收益率递减的趋势。

综合来看，按 $LIDX_{MAX}$ 和 $LIDX_{IS}$ 分组形成的非博彩型投资组合的偏度更低，同时博彩型投资组合的偏度更高，两个组合间的偏度差异更大；按 $LIDX_{MAX}$ 和 $LIDX_{Com2}$ 分组形成的非博彩型投资组合的平均未来收益率更高，博彩型投资组合的平均未来收益率更低，两个组合间的差异更大。因此，综合初步的组合价差分析，可以得到 *MAX* 是较好的博彩型股票识别指标。

**表 3-4 各组合的偏度及收益率表现**[①]

| 指标 | 变量 | $T_1$ (no-lottery) | $T_2$ | $T_3$ | $T_4$ | $T_5$ (lottery) | $T_1-T_5$ |
|---|---|---|---|---|---|---|---|
| *Price* | *PSkew* | 0.3204 | 0.2250 | 0.2891 | 0.3723 | 0.5749 | -0.2545 |
| | *PReturn* | 0.0184 | 0.0185 | 0.0193 | 0.0212 | 0.0234 | -0.0050***<br>(-4.64) |
| *IS* | *PSkew* | -0.0597 | 0.1540 | 0.2606 | 0.4514 | 0.9205 | -0.9802 |
| | *PReturn* | 0.0224 | 0.0232 | 0.0198 | 0.0181 | 0.0173 | 0.0051***<br>(4.71) |
| *IV* | *PSkew* | 0.3018 | 0.3354 | 0.3628 | 0.3154 | 0.4706 | -0.1688 |
| | *PReturn* | 0.0232 | 0.0220 | 0.0210 | 0.0191 | 0.0155 | 0.0077***<br>(6.90) |
| *MAX* | *PSkew* | -0.0804 | 0.0651 | 0.2391 | 0.3928 | 0.7861 | -0.8665 |
| | *PReturn* | 0.0223 | 0.0248 | 0.0224 | 0.0189 | 0.0124 | 0.0099***<br>(8.95) |
| *Turn* | *PSkew* | 0.4440 | 0.4518 | 0.3064 | 0.4367 | 0.2483 | 0.1957 |
| | *PReturn* | 0.0210 | 0.0236 | 0.0224 | 0.0209 | 0.0129 | 0.0081***<br>(7.30) |

续表

| 指标 | 变量 | $T_1$（no-lottery） | $T_2$ | $T_3$ | $T_4$ | $T_5$（lottery） | $T_1-T_5$ |
|---|---|---|---|---|---|---|---|
| *EIS* | *PSkew* | 0.6963 | 0.3172 | 0.3406 | 0.2250 | 0.2308 | 0.4655 |
| | *PReturn* | 0.0252 | 0.0210 | 0.0188 | 0.0177 | 0.0182 | 0.0070*** (6.25) |
| *Com*1 | *PSkew* | -0.0017 | 0.1610 | 0.2940 | 0.4252 | 0.7590 | -0.7607 |
| | *PReturn* | 0.0224 | 0.0216 | 0.0209 | 0.0186 | 0.0172 | 0.0052*** (4.83) |
| *Com*2 | *PSkew* | 0.0584 | 0.2752 | 0.3675 | 0.3140 | 0.5173 | -0.4589 |
| | *PReturn* | 0.0214 | 0.0227 | 0.0218 | 0.0222 | 0.0127 | 0.0087*** (7.98) |

注：①此处是对各指标及其识别出的博彩型股票收益率之间关系的初步检验，故没有对原始收益率进行风险调整，后文将进一步分析识别指标与股票异常收益之间的关系。括号内为双尾 $t$ 检验统计量，其原假设为收益率等于零，*、**、*** 分别表示 10%、5%和 1%的显著性水平，下同。

**2. 双变量分组后各组合的偏度和收益率表现**

为了对上述分析进行稳健性检验，继续采用双变量分组的方法来控制相关因素对偏度或收益率的影响。根据相关研究，本章选取上一期收益率（*Retlag*）、公司规模（*Size*）、交易量（*Vol*）、波动率（*Std*）作为组合偏度 *PSkew* 的控制变量（魏文婷等，2009）；选取下一期公司规模（*Size*）、账面市值比（*BM*）、非流动性因子（*ILLIQ*）作为组合收益率 *PReturn* 控制变量（郑振龙和孙清泉，2013）。具体操作步骤为每个月将所有股票按照控制变量由低到高等分为 5 组，形成投资组合 $D_1$、$D_2$、$D_3$、$D_4$、$D_5$。然后，再根据不同指标的 *LIDX* 等分为 5 组，形成投资组合 $T_1$、$T_2$、$T_3$、$T_4$、$T_5$。如此，对于每一个识别指标都形成 25 个投资组合，每月更新一次。最后，同样进行前面的组合价差分析。具体分析结果如表 3－5 和表 3－6 所示。

由表 3－5 可知，在进行了双变量分组后，对于识别指标 *IV*、*MAX*、*Com*1 和 *Com*2 而言，非博彩型投资组合 $T_1$ 的偏度依然低于博彩型投资组合 $T_5$ 的偏度。综合来看，只有 *MAX* 几乎总能实现 $T_1$ 偏度为负，$T_5$ 偏度为正，且两组偏度差值最大。各控制变量确实对偏度产生了一定影响，但不论按照何种控制变量进行双变量分组，*MAX* 都基本能使 $T_1$ 与 $T_5$ 保持稳定且较大的偏度差。

**表 3－5　　　　双变量分组后的组合偏度**

| 指标 | 分组 | 控制变量 1 *Retlag* | | 控制变量 2 *Size* | | 控制变量 3 *Vol* | | 控制变量 4 *Std* | |
|---|---|---|---|---|---|---|---|---|---|
| | | $D_1$ | $D_5$ | $D_1$ | $D_5$ | $D_1$ | $D_5$ | $D_1$ | $D_5$ |
| *Price* | $T_1$ | -0.6779 | 1.1689 | 0.3311 | 0.9409 | 1.1027 | 0.2289 | 0.6049 | 0.3010 |
| | $T_5$ | -0.5513 | 1.2326 | 0.2454 | 1.2333 | 0.4650 | 0.7829 | 0.8019 | 0.5374 |
| | $T_1-T_5$ | -0.1266 | -0.0637 | 0.0857 | -0.2924 | 0.6377 | -0.5540 | -0.1970 | -0.2364 |
| *IS* | $T_1$ | -0.5841 | 1.0492 | -0.045 | 0.1287 | 0.0915 | 0.0056 | 0.0079 | 0.1567 |
| | $T_5$ | -0.6466 | 1.2732 | 0.4584 | 1.5131 | 1.3041 | 1.0219 | 1.2491 | 0.8073 |
| | $T_1-T_5$ | 0.0625 | -0.2240 | -0.5034 | -1.3844 | -1.2126 | -1.0163 | -1.2412 | -0.6506 |
| *IV* | $T_1$ | -0.6246 | 0.9335 | 0.0586 | 0.5878 | 0.0753 | 0.4633 | 0.3616 | 0.2372 |
| | $T_5$ | -0.5667 | 1.3343 | 0.3281 | 1.4254 | 1.2028 | 0.5765 | 0.6640 | 0.5715 |
| | $T_1-T_5$ | -0.0579 | -0.4008 | -0.2695 | -0.8376 | -1.1275 | -0.1132 | -0.3024 | -0.3343 |
| *MAX* | $T_1$ | -0.7415 | 1.0730 | -0.0832 | -0.1404 | -0.0683 | -0.2639 | -0.2620 | 0.0799 |
| | $T_5$ | -0.5325 | 1.2360 | 0.5575 | 1.2202 | 1.2295 | 0.7546 | 1.5661 | 0.6798 |
| | $T_1-T_5$ | -0.2090 | -0.1630 | -0.6407 | -1.3606 | -1.2978 | -1.0185 | -1.8281 | -0.5999 |
| *Turn* | $T_1$ | -0.7721 | 1.1840 | 0.1723 | 0.8515 | 0.6933 | 0.4298 | 0.6018 | 0.4058 |
| | $T_5$ | -0.4757 | 0.9954 | 0.2239 | 0.9465 | 0.6245 | 0.3085 | 0.5564 | 0.4010 |
| | $T_1-T_5$ | -0.2964 | 0.1886 | -0.0516 | -0.0950 | 0.0688 | 0.1213 | 0.0454 | 0.0048 |

续表

| 指标 | 分组 | 控制变量 1 *Retlag* | | 控制变量 2 *Size* | | 控制变量 3 *Vol* | | 控制变量 4 *Std* | |
|---|---|---|---|---|---|---|---|---|---|
| | | $D_1$ | $D_5$ | $D_1$ | $D_5$ | $D_1$ | $D_5$ | $D_1$ | $D_5$ |
| *EIS* | $T_1$ | -0.5202 | 1.4886 | 0.3528 | 1.1165 | 1.5569 | 0.5198 | 0.8159 | 0.6593 |
| | $T_5$ | -0.6636 | 1.0301 | 0.1128 | 0.4805 | 0.0334 | 0.5708 | 0.3393 | 0.3053 |
| | $T_1-T_5$ | 0.1434 | 0.4585 | 0.2400 | 0.6360 | 1.5235 | -0.0510 | 0.4766 | 0.3540 |
| *Com1* | $T_1$ | -0.6599 | 1.1027 | -0.0328 | 0.1920 | 0.1775 | -0.0716 | -0.0839 | 0.1731 |
| | $T_5$ | -0.5952 | 1.3927 | 0.3886 | 1.3268 | 1.1696 | 0.7749 | 1.0682 | 0.8211 |
| | $T_1-T_5$ | -0.0647 | -0.2900 | -0.4214 | -1.1348 | -0.9921 | -0.8465 | -1.1521 | -0.6480 |
| *Com2* | $T_1$ | -0.7912 | 1.1597 | -0.0425 | 0.6582 | 0.1566 | -0.1426 | -0.0247 | 0.3080 |
| | $T_5$ | -0.5112 | 1.1061 | 0.3726 | 1.0851 | 0.9268 | 0.4392 | 1.2419 | 0.5638 |
| | $T_1-T_5$ | -0.2800 | 0.0536 | -0.4151 | -0.4269 | -0.7702 | -0.5818 | -1.2666 | -0.2558 |

表 3-6 为双变量分组后的收益率表现。无论是按照何种控制变量进行分组，*IS* 都表现出非博彩型投资组合 $T_1$ 的收益率高于博彩型投资组合 $T_5$ 的收益率。*MAX* 和 *IV* 也具有类似的表现。不过，除 *IS* 和 *EIS* 之外，其余识别指标在按 *Size* 进行双变量分组所形成的 $D_5$ 中的非博彩型投资组合 $T_1$ 的收益率均变为低于博彩型投资组合 $T_5$ 的收益率。其中，*MAX* 和 *IV* 的这种反转程度较弱。这可能意味着，中国 *A* 股股票的博彩效应明显存在于小市值股票之中，而在大市值股票中很弱。这与郑振龙和孙清泉（2013）研究发现规模效应可以部分解释博彩偏好，以及李培馨等（2014）研究发现对于规模较小的公司，博彩型股票和非博彩型股票的收益率相差更大等结论是一致的。不过，在控制变量为 *BM* 和 *ILLIQ* 的双变量分组中，*MAX* 和 *IV* 指标下的组合 $T_1$ 和组合 $T_5$ 的收益率差异都高于 *IS*。

**表3-6　　双变量分组后的组合收益率**

| 指标 | 分组 | 控制变量1 *Size* | | 控制变量2 *BM* | | 控制变量3 *ILLIQ* | |
|---|---|---|---|---|---|---|---|
| | | $D_1$ | $D_5$ | $D_1$ | $D_5$ | $D_1$ | $D_5$ |
| *Price* | $T_1$ | 0.0078 | 0.0243 | 0.0286 | -0.0106 | 0.0146 | 0.0232 |
| | $T_5$ | 0.0155 | 0.0284 | 0.0652 | 0.0132 | 0.0251 | 0.0305 |
| | $T_1-T_5$ | -0.0077***<br>(-3.17) | -0.0041*<br>(-1.67) | -0.0366***<br>(-12.18) | -0.0238***<br>(-11.76) | -0.0105***<br>(-4.45) | -0.0073***<br>(-2.61) |
| *IS* | $T_1$ | 0.0194 | 0.0244 | 0.0463 | 0.0051 | 0.0184 | 0.0315 |
| | $T_5$ | 0.0090 | 0.0242 | 0.0456 | 0.0005 | 0.0172 | 0.0214 |
| | $T_1-T_5$ | 0.0104***<br>(4.45) | 0.0002<br>(0.08) | 0.0007<br>(0.23) | 0.0046**<br>(2.27) | 0.0012<br>(0.49) | 0.0101***<br>(3.69) |
| *IV* | $T_1$ | 0.0217 | 0.0226 | 0.0520 | 0.0123 | 0.0218 | 0.0303 |
| | $T_5$ | 0.0037 | 0.0299 | 0.0351 | -0.0113 | 0.0130 | 0.0240 |
| | $T_1-T_5$ | 0.0180***<br>(7.45) | -0.0073***<br>(-2.89) | 0.0169***<br>(5.55) | 0.0236***<br>(11.82) | 0.0088***<br>(3.69) | 0.0063**<br>(2.25) |
| *MAX* | $T_1$ | 0.0210 | 0.0224 | 0.0482 | 0.0101 | 0.0178 | 0.0315 |
| | $T_5$ | -0.0020 | 0.0266 | 0.0380 | -0.0138 | 0.0139 | 0.0181 |
| | $T_1-T_5$ | 0.0230***<br>(9.51) | -0.0042*<br>(-1.70) | 0.0102***<br>(3.38) | 0.0239***<br>(11.96) | 0.0039<br>(1.64) | 0.0134***<br>(4.73) |
| *Turn* | $T_1$ | 0.0185 | 0.0203 | 0.0370 | 0.0078 | 0.0176 | 0.0268 |
| | $T_5$ | -0.0006 | 0.0297 | 0.0418 | -0.0131 | 0.0120 | 0.0229 |
| | $T_1-T_5$ | 0.0191***<br>(7.79) | -0.0094***<br>(-3.80) | -0.0048<br>(-1.62) | 0.0209***<br>(10.66) | 0.0056**<br>(2.34) | 0.0039<br>(1.40) |
| *EIS* | $T_1$ | 0.0118 | 0.0320 | 0.0442 | -0.0048 | 0.0232 | 0.0343 |
| | $T_5$ | 0.0145 | 0.0218 | 0.0461 | 0.0042 | 0.0173 | 0.0227 |
| | $T_1-T_5$ | -0.0027<br>(-1.08) | 0.0102***<br>(4.04) | -0.0019<br>(-0.59) | -0.0090***<br>(-4.51) | 0.0059**<br>(2.43) | 0.0116***<br>(4.05) |
| *Com1* | $T_1$ | 0.0192 | 0.0206 | 0.0414 | 0.0030 | 0.0178 | 0.0299 |
| | $T_5$ | 0.0054 | 0.0296 | 0.0506 | -0.0011 | 0.0185 | 0.0255 |
| | $T_1-T_5$ | 0.0138***<br>(5.93) | -0.0090***<br>(-3.70) | -0.0092***<br>(-3.14) | 0.0041**<br>(2.05) | -0.0007<br>(-0.31) | 0.0044<br>(1.63) |

续表

| 指标 | 分组 | 控制变量 1 *Size* | | 控制变量 2 *BM* | | 控制变量 3 *ILLIQ* | |
|---|---|---|---|---|---|---|---|
| | | $D_1$ | $D_5$ | $D_1$ | $D_5$ | $D_1$ | $D_5$ |
| *Com2* | $T_1$ | 0.0190 | 0.0226 | 0.0372 | 0.0039 | 0.0157 | 0.0277 |
| | $T_5$ | 0.0002 | 0.0311 | 0.0470 | 0.0030 | 0.0170 | 0.0197 |
| | $T_1-T_5$ | 0.0188***<br>(7.94) | -0.0085***<br>(-3.39) | -0.0098***<br>(-3.42) | 0.0009***<br>(7.14) | -0.0013<br>(-0.55) | 0.0080***<br>(2.96) |

**3. 基于 Fama - French 三因子模型的风险调整收益率**

由目前的分析来看，*MAX* 是较好的博彩型股票识别指标。下面进一步分析各组合进行风险调整后的收益率情况。表 3 - 7 是利用 Fama - French 三因子模型对包括投资组合（$T_5-T_1$）在内的各组合收益进行了风险调整。除 *Price* 和 *EIS* 之外，其余所有指标所形成非博彩型投资组合的 *Alpha* 均显著为正，博彩型投资组合和投资组合（$T_5-T_1$）的 *Alpha* 均显著为负。其中，博彩型投资组合的 *Alpha* 较小的是 *Com2*、*Turn* 和 *MAX*，投资组合（$T_5-T_1$）的 *Alpha* 取值在 -1% 以下的有 *MAX*、*Turn*、*EIS*、*Com1* 和 *Com2*。这说明除 *Price* 和 *EIS* 之外，Fama - French 三因子所表征的风险无法解释其他各指标 *LIDX* 与收益率的负相关关系以及 $T_5$ 与 $T_1$ 组合之间显著的负收益差。上述结果表明 *IS*、*MAX*、*IV*、*Turn*、*Com1* 和 *Com2* 等指标下的博彩型股票都获得负异常收益，各指标均具有一定的识别能力。从经 Fama - French 三因子调整后的组合收益率表现来看，*Com2*、*Turn* 和 *MAX* 的识别效果较好。

**表 3-7 经 Fama-French 三因子调整后的组合异常收益率**

| 指标 | 组合 | *Alpha* | 三因素回归系数 | | | 调整 $R^2$ |
|---|---|---|---|---|---|---|
| | | | *MKT* | *SMB* | *HML* | |
| *Price* | $T_1$ | 0.0038<br>(1.75) | 0.9579 ***<br>(39.77) | 0.1820 ***<br>(3.46) | -0.7812 ***<br>(-11.56) | 0.9055 |
| | $T_5$ | 0.0022<br>(1.19) | 1.0631 ***<br>(50.53) | 0.8495 ***<br>(18.51) | 0.4767 ***<br>(8.08) | 0.9437 |
| | $T_5-T_1$ | -0.0015<br>(-0.47) | 0.1052 ***<br>(2.85) | 0.6675 ***<br>(8.29) | 1.2579 ***<br>(12.16) | 0.4859 |
| *IS* | $T_1$ | 0.0045 ***<br>(3.19) | 0.9916 ***<br>(62.48) | 0.5775 ***<br>(16.68) | -0.1955 ***<br>(-4.39) | 0.9604 |
| | $T_5$ | -0.0033 **<br>(-2.28) | 1.0194 ***<br>(62.65) | 0.7246 ***<br>(20.42) | 0.1444 ***<br>(3.16) | 0.9615 |
| | $T_5-T_1$ | -0.0078 ***<br>(-4.73) | 0.0278 ***<br>(1.50) | 0.1471 ***<br>(3.63) | 0.3399 ***<br>(6.53) | 0.1945 |
| *IV* | $T_1$ | 0.0044 ***<br>(3.04) | 0.9720 ***<br>(60.21) | 0.6365 ***<br>(18.08) | 0.2534 ***<br>(5.6) | 0.9576 |
| | $T_5$ | -0.0038 *<br>(-1.90) | 1.0490 ***<br>(46.39) | 0.6536 ***<br>(13.25) | -0.3507 ***<br>(-5.53) | 0.9324 |
| | $T_5-T_1$ | -0.0082 ***<br>(-3.07) | 0.0771 **<br>(2.58) | 0.0171<br>(0.26) | -0.6042 ***<br>(-7.20) | 0.2528 |
| *MAX* | $T_1$ | 0.0046 ***<br>(2.76) | 0.9116 ***<br>(48.37) | 0.6090 ***<br>(14.81) | -0.0081<br>(-0.15) | 0.9366 |
| | $T_5$ | -0.0068 ***<br>(-3.45) | 1.0529 ***<br>(47.31) | 0.6189 ***<br>(12.75) | -0.1647 ***<br>(-2.64) | 0.9328 |
| | $T_5-T_1$ | -0.0115 ***<br>(-4.15) | 0.1413 ***<br>(4.56) | 0.0100<br>(0.15) | -0.1567 *<br>(-1.80) | 0.1034 |
| *Turn* | $T_1$ | 0.0056 ***<br>(3.66) | 0.9017 ***<br>(52.52) | 0.3496 ***<br>(9.33) | -0.1364 ***<br>(-2.83) | 0.9413 |
| | $T_5$ | -0.0090 ***<br>(-4.21) | 1.0547 ***<br>(43.76) | 0.8308 ***<br>(15.8) | -0.0580<br>(-0.86) | 0.9270 |
| | $T_5-T_1$ | -0.0146 ***<br>(-5.22) | 0.1530 ***<br>(4.86) | 0.4812 ***<br>(7.01) | 0.0783<br>(0.89) | 0.3021 |

续表

| 指标 | 组合 | Alpha | 三因素回归系数 | | | 调整 $R^2$ |
|---|---|---|---|---|---|---|
| | | | MKT | SMB | HML | |
| EIS | $T_1$ | 0.0102***<br>(3.89) | 0.9832***<br>(33.61) | 0.3710***<br>(5.81) | -0.3663***<br>(-4.46) | 0.8699 |
| | $T_5$ | -0.0027<br>(-1.29) | 1.0249***<br>(44.15) | 0.7783***<br>(15.37) | 0.0941<br>(1.45) | 0.9268 |
| | $T_5-T_1$ | -0.0128***<br>(-3.24) | 0.0416<br>(0.94) | 0.4072***<br>(4.21) | 0.4604***<br>(3.70) | 0.1061 |
| Com1 | $T_1$ | 0.0061***<br>(4.12) | 0.9305***<br>(55.88) | 0.4025***<br>(11.08) | -0.2781***<br>(-5.96) | 0.9491 |
| | $T_5$ | -0.0046***<br>(-3.08) | 1.0526***<br>(63.43) | 0.8792***<br>(24.29) | 0.3120***<br>(6.7) | 0.9640 |
| | $T_5-T_1$ | -0.0107***<br>(-5.80) | 0.1220***<br>(5.90) | 0.4767***<br>(10.57) | 0.5901***<br>(10.18) | 0.5261 |
| Com2 | $T_1$ | 0.0063***<br>(3.96) | 0.8962***<br>(50.26) | 0.3137***<br>(8.07) | -0.3658***<br>(-7.31) | 0.9372 |
| | $T_5$ | -0.0082***<br>(-4.84) | 1.0622***<br>(55.81) | 0.8863***<br>(21.35) | 0.1760***<br>(3.3) | 0.9540 |
| | $T_5-T_1$ | -0.0145***<br>(-6.17) | 0.1660***<br>(6.29) | 0.5726***<br>(9.94) | 0.5418***<br>(7.32) | 0.4738 |

注：$T_5-T_1$ 中的系数为四舍五入后的结果。

### 3.4.2 Fama - MacBeth 回归分析

本章已通过组合价差法对各个指标在收益率及其偏度两方面的识别能力进行了检验。组合价差法的优点是可以简单、直观地判断各指标下，博彩型股票是否具有正偏性收益和负异常收益，不过难以获得识别指标对股票收益率及其偏度的边际贡献。因此，本章进一步利用 Fama - MacBeth 回归，以检验何种识别指标对股票收益率有最多的负向贡献，并对股票收益率偏度有最多的正向贡献。

表3－8和表3－9是分别以个股偏度 *FSkew* 和收益率 *FReturn* 为被解释变量的 Fama－MacBeth 回归分析结果。[①] 对于每一个识别指标，本书都进行了单变量和加入控制变量的多元 Fama－MacBeth 回归。

被解释变量为偏度的回归结果显示，识别指标 *IS*、*MAX*、*Com*1 和 *Com*2 的 *LIDX* 回归系数均显著为正。由于系数越大，意味着其他变量一定时，该 *LIDX* 变化一单位，可以引起股票偏度增大更多，因此，系数越大则说明该指标的识别能力越强。

**表3－8　　　　　　被解释变量为偏度的回归结果**

| 模型 | 指标项 | *Retlag* | *Size* | *Vol* | *Std* |
|---|---|---|---|---|---|
| *Price* | －0.1299***<br>(－6.94) | | | | |
| | 0.0172<br>(0.81) | 1.7985***<br>(16.35) | 0.3055***<br>(14.37) | －0.1759***<br>(－9.26) | 17.2005***<br>(12.38) |
| *IS* | 0.3717***<br>(22.29) | | | | |
| | 0.3041***<br>(24.18) | 1.6059***<br>(14.96) | 0.3371***<br>(16.82) | －0.1881***<br>(－11.48) | 15.7214***<br>(11.88) |
| *IV* | 0.1856***<br>(8.90) | | | | |
| | 0.0195<br>(1.03) | 1.7781***<br>(16.25) | 0.2949***<br>(14.14) | －0.1632***<br>(－10.06) | 15.9605***<br>(11.53) |
| *MAX* | 1.0264***<br>(32.86) | | | | |
| | 2.5299***<br>(50.20) | －0.9006***<br>(－12.13) | 0.24401***<br>(13.47) | －0.1329***<br>(－9.05) | －64.6993***<br>(－45.40) |

① 由于在 Fama－MacBeth 回归分析，首先需要每个月对所有股票进行一次横截面回归，因此表3－8和表3－10中的偏度为个股偏度（*FSkew*）。

续表

| 模型 | 指标项 | *Retlag* | *Size* | *Vol* | *Std* |
|---|---|---|---|---|---|
| *Turn* | 0.0781 ***<br>(4.06) | | | | |
| | -0.0280<br>(-1.26) | 1.7966 ***<br>(16.30) | 0.2871 ***<br>(11.65) | -0.1559 ***<br>(-7.63) | 16.7097 ***<br>(12.44) |
| *EIS* | -0.0622 ***<br>(-3.42) | | | | |
| | 0.1698 ***<br>(10.01) | 1.7934 ***<br>(15.89) | 0.3406 ***<br>(17.13) | -0.1773 ***<br>(-10.89) | 18.2162 ***<br>(13.19) |
| *Com1* | 0.4300 ***<br>(14.09) | | | | |
| | 0.4342 ***<br>(18.57) | 1.7206 ***<br>(15.63) | 0.3890 ***<br>(19.19) | -0.2542 ***<br>(-15.46) | 14.6566 ***<br>(11.08) |
| *Com2* | 0.8151 ***<br>(19.47) | | | | |
| | 2.9231 ***<br>(31.48) | 0.4318 ***<br>(4.18) | 1.2335 ***<br>(40.63) | -1.1635 ***<br>(-40.88) | -9.6921 ***<br>(-7.19) |

被解释变量为收益率的回归结果显示，除 *Price*、*Turn* 和 *EIS* 之外，其余识别指标的 *LIDX* 回归系数均显著为负。由于系数越小，意味着其他变量一定时，该彩票类股票指数变化一单位，可以导致股票收益率降低更多，获得更多的负异常收益。因此，系数越小则说明该指标的识别能力越强。据此，识别能力最好的指标是 *IV* 和 *MAX*。

综合表 3-8 和表 3-9 的回归结果可知，*MAX* 在识别偏度和收益率两个方面都表现良好，据此可以判定 *MAX* 是最优的博彩型股票识别指标。

表3-9 被解释变量为收益率的回归结果

| 模型 | 指标项 | *Size* | *BM* | *ILLIQ* | *Beta* |
|---|---|---|---|---|---|
| *Price* | 0.0074<br>(1.45) | | | | |
| | 0.0472***<br>(9.87) | 0.0538***<br>(8.85) | -0.1169***<br>(-13.62) | 0.0178***<br>(7.46) | 0.0081<br>(1.15) |
| *IS* | -0.0081***<br>(-4.01) | | | | |
| | -0.0056**<br>(-3.11) | 0.0452***<br>(7.56) | -0.0704***<br>(-9.45) | 0.0164***<br>(6.89) | 0.0179*<br>(2.46) |
| *IV* | -0.0099**<br>(-2.93) | | | | |
| | -0.0274***<br>(-10.52) | 0.0420***<br>(7.13) | -0.0907***<br>(-12.00) | 0.0151***<br>(6.37) | 0.0211**<br>(2.97) |
| *MAX* | -0.0128***<br>(-3.82) | | | | |
| | -0.0243***<br>(-8.97) | 0.0419***<br>(6.99) | -0.0807***<br>(-10.16) | 0.0146***<br>(6.18) | 0.0256***<br>(3.52) |
| *Turn* | -0.0108**<br>(-2.88) | | | | |
| | 0.0012<br>(0.29) | 0.0475***<br>(6.76) | -0.0709***<br>(-9.63) | 0.0166***<br>(5.68) | 0.0156*<br>(2.29) |
| *EIS* | -0.0097*<br>(-2.08) | | | | |
| | 0.0112*<br>(2.43) | 0.0548***<br>(8.72) | -0.0763***<br>(-10.44) | 0.0186***<br>(7.48) | 0.0172*<br>(2.42) |
| *Com1* | -0.0136***<br>(-3.31) | | | | |
| | -0.0171***<br>(-3.77) | 0.0461***<br>(7.73) | -0.0701***<br>(-9.35) | 0.0167***<br>(6.96) | 0.0172*<br>(2.42) |
| *Com2* | -0.0124*<br>(-2.17) | | | | |
| | -0.0166***<br>(-3.47) | 0.0490***<br>(7.83) | -0.0700***<br>(-9.54) | 0.0175***<br>(6.89) | 0.0157*<br>(2.26) |

为了进行上述 Fama - MacBeth 回归的稳健性检验，进一步验证在上述分析中表现较好的指标的识别能力。本书在下面的 Fama - MacBeth 回归中定义了博彩型与非博彩型股票两个哑变量。与前文操作相同，每月按照不同指标的 *LIDX* 将所有股票等分为 5 组，*LIDX* 值最低的一组定义为非博彩型股票，最高的一组定义为博彩型股票，并相应地定义了两个哑变量。根据巴尔贝里斯和黄（Barberis and Huang，2008）、李培馨等（2014），*LIDX* 可能与偏度或收益率具有非线性关系，而加入哑变量可以控制这种非线性关系。由于 *IS*、*MAX*、*Com*1 和 *Com*2 是在上文各项分析中都表现较好的指标，因此表 3 - 10 和表 3 - 11 只列示了这 4 个指标的多元回归结果。

表 3 - 10 显示，博彩型股票的系数均显著为正，而非博彩型股票的系数均显著为负，这说明各指标 *LIDX* 对两类股票的偏度均具有解释能力。从系数值来看，以 *MAX* 为指标的博彩型股票更正偏，而非博彩型股票更负偏，两者系数差值更大。因此，*MAX* 是对偏度识别能力更强的指标。

**表 3 - 10　　被解释变量为偏度的回归结果（含哑变量）**

| 变量 | *MAX* | *IS* | *Com*1 | *Com*2 |
|---|---|---|---|---|
| *lottery* | 0. 7809 ***<br>(41. 41) | 0. 1398 ***<br>(21. 19) | 0. 1096 ***<br>(16. 83) | 0. 4231 ***<br>(33. 18) |
| *no-lottery* | -0. 6207 ***<br>( -51. 32) | -0. 1194 ***<br>( -17. 98) | -0. 0876 ***<br>( -12. 94) | -0. 3321 ***<br>( -33. 42) |
| *Retlag* | 0. 1954 **<br>(2. 98) | 1. 6373 ***<br>(15. 28) | 1. 7444 ***<br>(15. 75) | 1. 2330 ***<br>(11. 97) |
| *Size* | 0. 2666 ***<br>(14. 82) | 0. 3286 ***<br>(16. 31) | 0. 3647 ***<br>(18. 10) | 0. 6503 ***<br>(31. 45) |

续表

| 变量 | *MAX* | *IS* | *Com1* | *Com2* |
|---|---|---|---|---|
| *Vol* | -0.1480***<br>(-10.11) | -0.1827***<br>(-11.19) | -0.2317***<br>(-14.13) | -0.5435***<br>(-32.11) |
| *Std* | -28.8076***<br>(-20.68) | 15.9136***<br>(12.01) | 15.1343***<br>(11.37) | 6.1370***<br>(4.66) |

表 3-11 显示，博彩型股票的系数均显著为负，而非博彩型股票的系数均显著为正，这说明四种指标的 *LIDX* 对两类股票的收益率也都具有解释能力。从系数值来看，以 *MAX* 为指标的博彩型股票收益更低，获得更多的负异常收益，而非博彩型股票收益最高。综合表 3-10 和表 3-11，再次表明 *MAX* 是最优的博彩型股票识别指标。

另外，从表 3-10 和表 3-11 中，我们也可以发现博彩型股票前面的系数绝对值均大于非博彩型股票前面的系数绝对值，这意味着各 *LIDX* 对偏度和收益率的影响更多的是通过博彩型股票产生的。

**表 3-11　被解释变量为收益率的回归结果（含哑变量）**

| 变量 | *MAX* | *IS* | *Com1* | *Com2* |
|---|---|---|---|---|
| *lottery* | -0.0140***<br>(-9.11) | -0.0089***<br>(-3.92) | -0.0051***<br>(-3.65) | -0.0085***<br>(-5.17) |
| *no-lottery* | 0.0054***<br>(5.55) | 0.0029**<br>(2.76) | 0.0020**<br>(2.66) | 0.0047***<br>(4.25) |
| *Size* | 0.0425***<br>(7.12) | 0.0454***<br>(7.58) | 0.0457***<br>(7.72) | 0.0482***<br>(7.88) |
| *BM* | -0.0782***<br>(-10.02) | -0.0709***<br>(-9.49) | -0.0702***<br>(-9.39) | -0.0718***<br>(-9.78) |

续表

| 变量 | *MAX* | *IS* | *Com1* | *Com2* |
|---|---|---|---|---|
| *ILLIQ* | 0.0149 ***<br>(6.27) | 0.0165 ***<br>(6.92) | 0.0166 ***<br>(6.93) | 0.0172 ***<br>(6.90) |
| *Beta* | 0.0227 ***<br>(3.15) | 0.0180 *<br>(2.47) | 0.0175 *<br>(2.45) | 0.0141 *<br>(2.02) |

## 3.5 本章小结

国内外学者们提出多种间接指标，以识别股票的博彩特征。然而，无论从理论解释，还是从经验证据来看，各指标的识别能力都具有较大差异，使用何种指标也一直存在争议。

为了能够比较各指标的识别能力，本章根据彩票的概念提出了博彩型股票的两种重要基本特征——收益率正偏性和负异常收益，并以这两个基本特征为判断标准。通过构建各指标的博彩型股票指数 *LIDX*，利用组合价差法和 Fama – MacBeth 回归，全面地比较分析了各种指标的识别能力。结果发现，识别能力最优的指标是可观测性最好的 *MAX*；指标 *IS*、*Com*1 和 *Com*2 也具有一定的识别能力；国内还未使用过的预测性指标 *EIS* 的识别能力较差；复合指标并不比单一指标更有效。

首先，总体而言，单一指标 *MAX* 和 *IS* 的识别能力均优于分别含有这两个指标的 *Com*2 和 *Com*1。导致这一现象的原因可能是 *Com*2 和 *Com*1 中所包含的其他两个维度（如 *Price*、*Turn*）具有较差的识别能力，这大大削弱了复合指标的有效性。这一结果不支持郑振龙和孙清泉（2013）所认为的复合指标优于单一指标的观点。一方面，本章发现 *Turn* 不是良好的博彩型股票识别指标。郑振龙和孙清泉（2013）研究认为，*Turn* 本身不能被公司特征解释。不过，本章的分析显示在加入其他公司横截面因素之后，*Turn* 与股票收益率及其偏度的关系不再显著。本章认为，这是因为 *Turn* 蕴含着多重信息，经常被用来衡量流动性、异质信念和投资者情绪等。这也就意味着 *Turn* 与收益率及其偏度之间的关系并不一定是由投资者的博彩行为导致的，因此，*Turn* 无法成为合适的博彩型股票识别指标。另一方面，本章发现 *Price* 并不是识别博彩型股票的可靠维度。这些都导致了复合指标的识别能力并不优于单一指标。

其次，国内文献还未使用过的指标 *EIS* 的识别能力较差，这一点与博耶和沃金克（2010）、库马尔和佩奇（2014）等国外研究结果不同。本章认为这一差异与中国股市投资者的行为特点有着密切关系。第一，中国投资者大多依靠经验投资，其数据分析能力不足，甚至机构投资者也存在这样的问题。而 *EIS* 的计算方法过于复杂，对中国投资者而言，*EIS* 不具有直观性，不符合投资者的选股习惯。第二，中国投资者大多偏好短线操作，过于关注短期交易数据。而 *EIS* 的计算需要较大样本量，它并不适合于基本只关注日数据和周数据的投资者。与 *EIS* 存在类似问题的是 *IS* 和 *IV*，虽然 *IS* 和 *IV* 的计算相比于 *EIS* 简单一些，但仍存在上述问题。因此，中国投资者一般不会选用这些指标作为选择博彩型股票的标准，并导致其识别能力较弱。

再次，验证 *IV* 不适合作为识别博彩特征的单一指标。*IV* 与收益率的关系即使在加入控制变量之后仍然显著，但其与偏度的关系在加入控制变量之后变得不再显著。事实上，*IV* 在国内外的相关研究中只是作为复合指标的一个维度。不过，由于 *IV* 在识别偏度方面表现不佳，加入 *IV* 也可能会降低复合指标的识别能力。*IV* 与收益率显著的负相关关系再次验证中国股市存在着“特质波动率异象”，但 *IV* 并不是合适的博彩型股票识别指标。

最后，*MAX* 的识别能力最强。这一结果支持了江曙霞和陈青（2013）的观点，证明了计算最为简单的 *MAX* 更适用于中国投资者快进快出的博彩行为。同时，*MAX* 的有效性还源于凭借经验投资的股市参与者，往往认为过去曾大涨的股票在未来也极有可能上涨，这也反映了投资者追涨杀跌的心理。总之，*MAX* 更符合中国投资者的博彩心理和选股习惯，所以它具有最强的博彩特征识别能力。

综上所述，与国外成熟市场相比，最具直观性的 *MAX* 是适用于中国股市的博彩型股票识别指标。从本章的分析中也可看出，在选择博彩型股票识别指标时，要充分考虑到中国股票市场和投资者在各方面的特殊性。因此，采用最适于中国股市的识别指标是十分必要的。

# 第 4 章

# 中国博彩型股票的市场表现特征

第 3 章基于特质偏度、最大日收益率等 8 种博彩型股票识别指标的实证分析，发现 *MAX* 是最适用于中国股市的识别指标，同时也证实了中国股市博彩型股票和博彩行为的存在性。但是仅仅证实博彩行为和博彩型股票的存在是不够的，我们还需要分析博彩型股票的市场表现特征。系统分析博彩型股票的市场表现特征将有助于加深研究者和投资者对博彩偏好和博彩行为的理解，从而可以更有效地进行市场投资活动。例如，博彩型股票在不同时期、不同行业中的表现是否有所不同？又如，何时、何种情况下股票的博彩特性更强？另外，股票博彩特性的持续性如何？中国市场上的博彩型股票是否与欧美成熟市场的表现相同？这些问题具有重要的理论和实践意义。然而，国内研究对博彩型股票的市场表现特征的分析很少，而且是零散的。本书的研究目的就在于通过实证方法全面考察中国股市博彩型股票的市场表现特征，并与已有文献涉及的特征分析进行比较，从而更好地了解中国股市的博彩行为。

根据第 3 章中 8 种博彩型股票识别指标的表现，本章选取了其中四种具有一定股票博彩性识别能力的指标，它们是特质偏度

(*IS*)，最大日收益率（*MAX*），由股价、特质偏度和特质波动率构成的复合指标（*Com*1），以及由股价、最大日收益率和换手率构成的复合指标（*Com*2）。本章对中国股市博彩型股票的市场表现特征的分析，将分别从公司特征、行业特征，以及股票博彩性的持续性和时变性四个方面展开。不仅如此，鉴于中国股市自身的特点，它在博彩型股票市场表现方面可能与成熟市场有所不同。为了深入理解中国股市的博彩行为特点，在考察了中国股市博彩型股票的市场表现特征之后，本章还进一步将其与欧美成熟市场的已有研究结果进行比较，分析了两类市场中博彩型股票的市场表现差异，并根据中国股市的特点对此进行了初步的解释。

需要说明的是，第 3 章中所提出的博彩型股票的两个基本特征——收益正偏性和负异常收益，与本章将要重点分析的市场表现特征不同。前者是博彩型股票特有的本质属性，可以作为本章判断股票博彩特性强弱的标准；后者则是博彩型股票在市场交易中表现出的各种特点。

## 4.1 样本数据与变量

本章所使用的博彩型股票识别指标是特质偏度（*IS*），最大日收益率（*MAX*），以及由股价、特质偏度、特质波动构成的复合指标（*Com*1），由股价、最大日收益率、换手率构成的复合指标（*Com*2）。各指标的计算方法、博彩型股票指数（*LIDX*）以及分组方法均与第 3 章所提到的相同。

为避免涨跌停板制度的实施对研究结论的影响，以及由于识别指标的计算需要，本书使用的样本为1999年3月1日至2015年7月31日的沪深A股交易数据。本章对数据的筛选也与第3章相同。具体而言，由于ST、PT、复牌和首日上市股票的涨跌幅限制不同于正常交易的股票，因此剔除了样本期内这四类股票的观测值。另外，本章还剔除了每月交易次数不足15天的数据以及年交易月份不足6个月的股票数据，以保证识别指标估计的有效性。

本章还将涉及如下变量：公司规模（*Size*）、月收益波动率（*Std*）、月非流动性因子（*ILLIQ*）、月风险因子（*Beta*）、账面市值比（*BM*）。其中，*Size* 由个股各月的流通市值表示；*ILLIQ* 采用阿米胡德（2002）的方法计算，即个股日收益率绝对值与日交易额比值的月内均值；*Beta* 为根据资本资产定价模型，运用最近1年的数据估计出来的贝塔系数；*BM* 为个股各月的市净率的倒数。由于 *ILLIQ* 数值较小，故本书对其取了自然对数，而 *Size* 数值远大于其他变量，故对 *Size* 取了以10为底的对数。本章的核心变量为组合异常收益率（*AR*）以及偏度（*Skew*）。其中，组合异常收益率为经 Fama - French 三因子调整后的组合月收益率，组合收益偏度为组合收益的时间序列偏度。我国股市流通市值加权的 Fama - French 三因子数据以及无风险收益率数据来自锐思金融研究数据库（RESSET），其余数据均来自国泰安 CSMAR 系列研究数据库。

## 4.2　公司特征分析

为了考察股票博彩性与公司特征的关系，本章仍将所有样本股票按各识别指标划分为博彩型股票、非博彩型股票和其他股票，然后计算这三类股票的主要公司特征变量，如表4－1所示。这些变量也是相关研究中经常涉及的公司特征变量，具有一定代表性。虽然已有一些国内研究分析了不同博彩程度的股票所具有的公司特征，但由于各研究所用的识别指标不同，检验结果也不一致，而且比较零散。因此，我们有必要对各指标的识别结果进行对比分析。

**表4－1　　　　公司特征分析**

| 指标 | 组合 | *Size* | *BM* | *ILLIQ* | *Beta* | *Turn* | *Std* |
|---|---|---|---|---|---|---|---|
| *IS* | $T_1$ | 6.4775 | 0.4298 | －7.6051 | 1.0627 | 0.3757 | 0.0252 |
| | $T_5$ | 6.3163 | 0.4578 | －7.2571 | 1.0982 | 0.4849 | 0.0283 |
| | 其他 | 6.3771 | 0.4003 | －7.4399 | 1.1043 | 0.4568 | 0.0273 |
| *MAX* | $T_1$ | 6.4542 | 0.5093 | －7.4923 | 1.0097 | 0.2689 | 0.0193 |
| | $T_5$ | 6.3674 | 0.3398 | －7.4625 | 1.1421 | 0.7219 | 0.0374 |
| | 其他 | 6.3679 | 0.4132 | －7.4090 | 1.1074 | 0.4134 | 0.0263 |
| *Com*1 | $T_1$ | 6.5322 | 0.3836 | －7.6576 | 1.0205 | 0.3178 | 0.0234 |
| | $T_5$ | 6.2906 | 0.4538 | －7.2945 | 1.1358 | 0.5685 | 0.0306 |
| | 其他 | 6.3671 | 0.4171 | －7.4100 | 1.1059 | 0.4485 | 0.0272 |
| *Com*2 | $T_1$ | 6.6144 | 0.3830 | －7.5650 | 0.9722 | 0.1885 | 0.0210 |
| | $T_5$ | 6.2487 | 0.4039 | －7.4489 | 1.1614 | 0.8217 | 0.0350 |
| | 其他 | 6.3542 | 0.4338 | －7.3894 | 1.1134 | 0.4067 | 0.0265 |

注：其他是指 $T_2$、$T_3$ 和 $T_4$ 组（即所有“其他股票”）的均值。

由表4-1可以看到，无论采用何种识别指标，博彩型股票都表现出公司规模较小、收益波动性较高的特点，并且具有较高的风险因子 *Beta* 和较高的换手率。博彩型股票的这些特点基本都得到了国内外研究的证实。不过，从表4-1也可以看出，不同指标识别出的各类股票的公司特征还是具有一定差异的。最为突出的是，利用 *Com*2 识别出的博彩型股票与非博彩型股票的换手率差异明显大于利用 *IS* 识别出的差异。这说明识别指标的选用对博彩型股票市场表现的分析结果是有影响的。

有趣的是，在各指标下，各类股票的 *BM* 和 *ILLIQ* 值呈现出不同的大小关系。对于 *BM*，*MAX* 识别出的博彩型股票具有较小的 *BM*，*IS* 和 *Com*1 识别出的博彩型股票具有较大的 *BM*，而 *Com*2 识别出的博彩型股票的 *BM* 值介于非博彩型股票和其他股票之间。可以理解的是，由于 *Com*2 中包含 *MAX* 这一维度，故 *Com*2 中的博彩型股票的 *BM* 与非博彩型股票的 *BM* 差异小于 *IS* 和 *Com*1 中的差异。事实上，国内外相关研究对博彩型股票的 *BM* 特征也持有不同观点。库马尔（2009）以 *IS*、*IV* 和 *Price*（即 *Com*1）为识别指标，发现在各类股票中，博彩型股票的 *BM* 最大。巴利等（Bali et al.，2011）利用 *MAX* 衡量股票的博彩特征，发现随着 *MAX* 的增大，股票 *BM* 呈现先下降后上升的趋势。安纳特等（2013）发现欧洲市场中的股票 *BM* 随 *MAX* 的增大而增大。江曙霞和陈青（2013）发现中国市场中的股票 *BM* 随 *MAX* 的增大而减小。而郑振龙和孙清泉（2013）以 *MAX*、*Turn* 和 *Price*（即 *Com*2）为识别指标，发现博彩型股票具有较大的 *BM*。本书的检验结果表明各研究（特别是国内研究）结果的差异可能是由所选择的识别指标的不同而造成的。

同时，本书还认为 *MAX* 的检验结果更为合理。这是因为，我们通常将 *BM* 作为划分股票为成长股和价值股的依据（其中，高 *BM* 股票为价值股，低 *BM* 股票为成长股），而中国股市的“价值溢价”已被普遍证实。[①] 由于第 3 章已经验证了博彩型股票未来收益较低，所以博彩型股票不应为收益率较高的价值股，其 *BM* 也不应该大于非博彩型股票。据此，本书认为 *MAX* 的检验结果更为合理，即博彩型股票的 *BM* 应该较小。这与江曙霞和陈青（2013）的分析结果是一致的。

至于 *ILLIQ*，国外研究较为一致，均认为博彩型股票的 *ILLIQ* 较大，即流动性较差。而国内相关研究则有不同的结果，从李培馨等（2014）的分析可以看到股票的博彩特性与流动性的相关性不大（两者相关系数为 -0.03），而郑振龙和孙清泉（2013）则认为博彩型股票具有较高的流动性。然而，本书的结果表明博彩型股票的流动性弱于非博彩型股票的流动性。本书认为这一结果是比较合理的，其原因在于，众多研究已经证实博彩型股票的公司规模较小，而小规模公司股票的流动性一般较差。因此，博彩型股票的流动性也应该较差，这一点与国外研究相同。综合上述分析可知，*MAX* 识别出的各类股票所具有的公司特征更为合理。从这个角度而言，*MAX* 也仍然是识别能力较好的指标。

① 例如，朱宪国和何志国（2002）、王春艳和欧阳令南（2004）、韩其恒和于旭光（2007）以及陆滴蔚等（2013）。

# 4.3　博彩特性的持续性

## 4.3.1　基于识别指标的持续性

只有股票在过去展现出的博彩特性会在未来持续，投资者才有理由购买依据过去交易数据识别出的博彩型股票。为了检验股票的博彩特性是否具有持续性，本节首先检验识别指标的持续性。

表 4－2 是将所有样本股票按 $t-1$ 期的识别指标排序分组后，各组股票在 $t$ 期的识别指标的平均值。$T_1$ 是根据 $t-1$ 期的指标被识别为非博彩型的股票组合，$T_5$ 则是博彩型股票组合。由表 4－2 可知，对于 4 种识别指标而言，从 $T_1$ 到 $T_5$，它们的识别指标均值都是单调递增的，并且非博彩型股票组合 $T_1$ 的识别指标（$t$ 期）均值仍显著小于博彩型股票组合 $T_5$ 的指标均值（即表 4－2 最后一列）。因此，从识别指标的角度来看，股票的博彩特性具有持续性。

**表 4－2　　当期指标与下期指标的关系**

| 指标 | $T_1$ | $T_2$ | $T_3$ | $T_4$ | $T_5$ | $T_1-T_5$ |
|---|---|---|---|---|---|---|
| *IS* | 0.0683 | 0.5590 | 0.8369 | 1.1184 | 1.6427 | −1.5744*** (−313.14) |
| *MAX* | 0.0364 | 0.0398 | 0.0419 | 0.0439 | 0.0485 | −0.0121*** (−76.43) |
| *Com*1 | 0.2902 | 0.4129 | 0.4958 | 0.5854 | 0.7202 | −0.4300*** (−541.62) |

续表

| 指标 | $T_1$ | $T_2$ | $T_3$ | $T_4$ | $T_5$ | $T_1-T_5$ |
|---|---|---|---|---|---|---|
| *Com2* | 0.3272 | 0.4487 | 0.5120 | 0.5655 | 0.6470 | -0.3198*** (-275.40) |

## 4.3.2 个股博彩特征的转换概率

下面进一步从个股转换概率的角度检验股票博彩特性的持续性。由于前文分析已表明 *MAX* 的识别能力较好，而且为了便于与鲍利等（2011）和安纳特等（2013）进行比较（它们均使用 *MAX* 为识别指标），因此我们首先以 *MAX* 为例进行分析。当然，本章也基于其他三种识别指标计算了个股博彩特征的转换概率，来保证结果的稳健性。表 4-3 是将所有样本股票根据 $t-1$ 期 *MAX* 等分为 10 组后，各组股票在 $t$ 期被划入各组合的概率，即从 $t-1$ 期到 $t$ 期的转换概率。如果股票的博彩特性不具有持续性，那么个股在 $t$ 期被划入各个组合应该是随机事件，即各转换概率应接近 10%。

**表 4-3　　中国股票博彩特性的转换概率矩阵（*MAX*）**　　单位：%

| 组合 | $T_1$ | $T_2$ | $T_3$ | $T_4$ | $T_5$ | $T_6$ | $T_7$ | $T_8$ | $T_9$ | $T_{10}$ |
|---|---|---|---|---|---|---|---|---|---|---|
| $T_1$ | 24.37 | 14.31 | 11.24 | 10.04 | 8.83 | 7.42 | 7.21 | 6.48 | 5.84 | 5.17 |
| $T_2$ | 14.65 | 12.88 | 11.78 | 11.49 | 10.06 | 9.55 | 8.30 | 8.03 | 7.47 | 6.25 |
| $T_3$ | 11.81 | 12.43 | 11.74 | 11.36 | 10.23 | 9.66 | 9.14 | 8.54 | 8.54 | 6.97 |
| $T_4$ | 10.30 | 11.15 | 11.47 | 11.10 | 10.82 | 10.35 | 9.52 | 9.26 | 8.96 | 7.75 |
| $T_5$ | 8.93 | 10.46 | 10.99 | 10.69 | 11.05 | 10.20 | 10.40 | 9.99 | 9.51 | 8.24 |
| $T_6$ | 8.06 | 9.55 | 10.41 | 10.01 | 10.86 | 10.84 | 10.55 | 10.65 | 9.90 | 9.50 |

续表

| 组合 | $T_1$ | $T_2$ | $T_3$ | $T_4$ | $T_5$ | $T_6$ | $T_7$ | $T_8$ | $T_9$ | $T_{10}$ |
|---|---|---|---|---|---|---|---|---|---|---|
| $T_7$ | 7.01 | 8.65 | 9.68 | 10.04 | 10.42 | 11.23 | 11.43 | 10.85 | 10.77 | 10.35 |
| $T_8$ | 6.28 | 8.15 | 9.18 | 9.64 | 10.52 | 10.86 | 11.38 | 11.53 | 11.48 | 11.59 |
| $T_9$ | 5.49 | 7.50 | 8.33 | 8.77 | 9.39 | 10.91 | 11.57 | 12.11 | 12.65 | 13.65 |
| $T_{10}$ | 3.79 | 5.26 | 6.01 | 7.27 | 8.12 | 9.63 | 11.07 | 13.36 | 15.61 | 20.89 |

表 4－4 是安纳特等（Annaert et al.，2013）也以 *MAX* 为识别指标，检验了欧洲市场股票博彩特性的转换概率结果。另外，鲍利等（2011）研究发现美国股市中 *MAX* 最大组（即 $T_{10}$）的股票在下个月有 35% 的可能性仍处于 *MAX* 最大组（即 $T_{10}$），并有 68% 的可能性处于 *MAX* 较大的前三组（即 $T_8$、$T_9$ 和 $T_{10}$）。比较表 4－3 和表 4－4 可知，欧洲股市的上述两个概率分别为 26.1% 和 52.9%，而中国股市的上述两个概率分别为 20.9% 和 49.9%。另外，观察表 4－3 和表 4－4 的其他数据，可以发现中国股市对角线上的概率均高于随机概率 10%，但都比欧洲股市的相应数据更接近 10%。这意味着，虽然郑振龙和孙清泉（2013）发现我国股票市场上不存在被长期归入博彩型股票的个股，但在短期内，我国市场中的股票博彩特性具有一定持续性，只是这一持续性弱于美国和欧洲市场。

**表 4－4　　欧洲股票博彩特性的转换概率矩阵（*MAX*）**　　单位：%

| 组合 | $T_1$ | $T_2$ | $T_3$ | $T_4$ | $T_5$ | $T_6$ | $T_7$ | $T_8$ | $T_9$ | $T_{10}$ |
|---|---|---|---|---|---|---|---|---|---|---|
| $T_1$ | 42.40 | 17.20 | 7.80 | 5.30 | 4.40 | 3.50 | 3.10 | 2.70 | 2.40 | 3.70 |
| $T_2$ | 17.90 | 21.50 | 13.70 | 9.20 | 7.60 | 6.60 | 5.40 | 4.60 | 3.90 | 4.10 |
| $T_3$ | 8.60 | 14.10 | 17.00 | 12.60 | 10.40 | 8.80 | 7.80 | 6.40 | 5.40 | 4.60 |

续表

| 组合 | $T_1$ | $T_2$ | $T_3$ | $T_4$ | $T_5$ | $T_6$ | $T_7$ | $T_8$ | $T_9$ | $T_{10}$ |
|---|---|---|---|---|---|---|---|---|---|---|
| $T_4$ | 5.40 | 9.80 | 13.10 | 13.90 | 12.50 | 11.00 | 9.80 | 8.50 | 7.10 | 5.30 |
| $T_5$ | 4.40 | 8.00 | 10.90 | 12.80 | 13.20 | 12.40 | 10.90 | 9.60 | 8.10 | 5.80 |
| $T_6$ | 3.60 | 6.70 | 9.30 | 11.60 | 12.60 | 12.80 | 12.10 | 10.80 | 9.60 | 6.80 |
| $T_7$ | 2.90 | 5.30 | 8.10 | 10.30 | 11.20 | 12.30 | 13.50 | 12.50 | 10.70 | 8.50 |
| $T_8$ | 2.50 | 4.50 | 6.60 | 8.80 | 10.10 | 11.40 | 12.90 | 14.10 | 13.70 | 10.20 |
| $T_9$ | 2.30 | 3.80 | 5.50 | 7.00 | 8.50 | 9.90 | 11.30 | 14.30 | 17.10 | 14.00 |
| $T_{10}$ | 3.40 | 3.60 | 4.10 | 5.10 | 5.90 | 7.10 | 8.60 | 11.30 | 15.50 | 26.10 |

资料来源：由安纳特等（2013）的 Table4 整理得到。

表 4－5 至表 4－7 分别计算了 *IS*、*Com*1 和 *Com*2 三个识别指标下，博彩特性转换概率。由于所用指标不同，它们无法与表 4－4 进行直接比较，但从 4 种识别指标的转换概率矩阵中可以得到一些规律：（1）无论在何种指标下，转换概率矩阵的对角线概率均大于随机概率 10%，这说明中国股票的博彩特性确实存在一定的持续性。（2）博彩型股票和非博彩型股票的持续性均高于其他股票的持续性。具体而言，"$T_1 \to T_1$" 转换概率和 "$T_5 \to T_5$" 转换概率大于其余对角线上的概率。（3）按 *IS*、*Com*1 和 *Com*2 形成的博彩型股票、非博彩型股票和其他股票的持续性均高于 *MAX*。再次说明识别指标的选择对博彩型股票市场表现的分析结果是有影响的。

**表 4－5　中国股票博彩特性的转换概率矩阵（*IS*）**　单位：%

| 组合 | $T_1$ | $T_2$ | $T_3$ | $T_4$ | $T_5$ | $T_6$ | $T_7$ | $T_8$ | $T_9$ | $T_{10}$ |
|---|---|---|---|---|---|---|---|---|---|---|
| $T_1$ | 62.37 | 18.12 | 6.64 | 4.24 | 3.21 | 2.58 | 2.21 | 2.00 | 1.86 | 2.20 |

续表

| 组合 | $T_1$ | $T_2$ | $T_3$ | $T_4$ | $T_5$ | $T_6$ | $T_7$ | $T_8$ | $T_9$ | $T_{10}$ |
|---|---|---|---|---|---|---|---|---|---|---|
| $T_2$ | 19.22 | 38.95 | 19.01 | 8.36 | 4.99 | 3.40 | 2.74 | 2.31 | 2.27 | 2.32 |
| $T_3$ | 7.01 | 20.62 | 31.53 | 18.80 | 9.19 | 5.02 | 3.44 | 2.61 | 2.44 | 2.67 |
| $T_4$ | 4.31 | 8.62 | 19.78 | 28.52 | 18.08 | 9.13 | 5.36 | 3.59 | 2.78 | 2.56 |
| $T_5$ | 3.05 | 5.17 | 9.38 | 19.75 | 27.17 | 17.70 | 9.48 | 5.04 | 3.26 | 2.91 |
| $T_6$ | 2.72 | 3.43 | 5.56 | 9.59 | 19.75 | 28.36 | 17.69 | 8.19 | 4.44 | 3.06 |
| $T_7$ | 2.08 | 2.81 | 4.01 | 5.63 | 9.24 | 19.81 | 30.90 | 17.97 | 7.06 | 3.41 |
| $T_8$ | 1.95 | 2.41 | 3.05 | 3.30 | 5.01 | 9.22 | 20.17 | 35.37 | 18.16 | 5.19 |
| $T_9$ | 1.53 | 2.14 | 2.21 | 2.75 | 3.10 | 4.51 | 7.61 | 20.81 | 43.76 | 15.63 |
| $T_{10}$ | 1.61 | 1.81 | 2.07 | 1.94 | 2.30 | 2.65 | 3.39 | 5.51 | 18.44 | 66.04 |

**表 4-6　中国股票博彩特性的转换概率矩阵（*Com*1）**　单位：%

| 组合 | $T_1$ | $T_2$ | $T_3$ | $T_4$ | $T_5$ | $T_6$ | $T_7$ | $T_8$ | $T_9$ | $T_{10}$ |
|---|---|---|---|---|---|---|---|---|---|---|
| $T_1$ | 69.04 | 18.77 | 5.04 | 3.22 | 2.51 | 2.32 | 1.74 | 1.79 | 1.38 | 1.30 |
| $T_2$ | 18.51 | 43.19 | 20.72 | 7.62 | 4.36 | 3.07 | 2.10 | 2.06 | 1.80 | 1.33 |
| $T_3$ | 5.30 | 21.37 | 34.32 | 20.35 | 8.41 | 4.35 | 3.22 | 2.67 | 2.02 | 1.68 |
| $T_4$ | 3.31 | 8.09 | 20.72 | 31.28 | 19.29 | 8.54 | 4.41 | 3.26 | 2.48 | 1.94 |
| $T_5$ | 2.30 | 4.51 | 8.77 | 20.20 | 30.37 | 19.37 | 8.49 | 4.36 | 2.88 | 2.04 |
| $T_6$ | 1.91 | 3.20 | 4.54 | 9.44 | 20.62 | 29.76 | 19.63 | 7.65 | 4.09 | 2.52 |
| $T_7$ | 1.65 | 2.58 | 3.21 | 4.90 | 9.15 | 20.25 | 32.33 | 19.43 | 7.00 | 3.12 |
| $T_8$ | 1.29 | 1.90 | 2.26 | 2.86 | 4.43 | 8.64 | 20.52 | 37.74 | 19.04 | 5.31 |
| $T_9$ | 1.40 | 1.31 | 1.73 | 2.31 | 2.65 | 4.11 | 7.58 | 21.13 | 45.25 | 17.63 |
| $T_{10}$ | 0.91 | 1.12 | 1.35 | 1.62 | 1.75 | 2.10 | 2.81 | 5.40 | 19.08 | 70.14 |

表 4-7　　中国股票博彩特性的转换概率矩阵（*Com2*）　　单位：%

| 组合 | $T_1$ | $T_2$ | $T_3$ | $T_4$ | $T_5$ | $T_6$ | $T_7$ | $T_8$ | $T_9$ | $T_{10}$ |
|---|---|---|---|---|---|---|---|---|---|---|
| $T_1$ | 45.30 | 20.08 | 11.27 | 7.91 | 5.58 | 4.33 | 3.18 | 2.69 | 1.96 | 1.74 |
| $T_2$ | 20.31 | 22.02 | 15.75 | 11.36 | 8.88 | 7.47 | 5.77 | 4.47 | 3.53 | 2.37 |
| $T_3$ | 11.73 | 16.14 | 16.23 | 13.19 | 11.16 | 9.08 | 7.88 | 6.60 | 5.20 | 3.76 |
| $T_4$ | 8.20 | 11.98 | 14.15 | 13.34 | 12.23 | 10.29 | 9.47 | 8.65 | 6.97 | 5.53 |
| $T_5$ | 6.02 | 9.40 | 12.33 | 12.52 | 12.52 | 11.92 | 10.89 | 9.37 | 8.41 | 7.49 |
| $T_6$ | 4.37 | 7.89 | 10.35 | 11.60 | 12.74 | 12.40 | 11.73 | 11.10 | 10.07 | 8.99 |
| $T_7$ | 3.05 | 5.86 | 8.74 | 10.26 | 11.77 | 12.57 | 13.19 | 12.58 | 12.27 | 10.88 |
| $T_8$ | 2.62 | 4.45 | 6.84 | 8.67 | 11.32 | 12.41 | 13.81 | 13.82 | 14.60 | 13.16 |
| $T_9$ | 1.81 | 2.91 | 4.78 | 7.16 | 9.21 | 11.67 | 13.52 | 15.91 | 18.54 | 17.40 |
| $T_{10}$ | 1.28 | 1.86 | 2.41 | 3.77 | 6.09 | 8.88 | 11.93 | 14.36 | 21.05 | 32.61 |

## 4.4 行业特征分析

### 4.4.1 博彩型股票在不同行业的数量占比

库马尔（2009）发现美国股市中的博彩型股票具有明显的行业集中现象。郑振龙和孙清泉（2013）以 *Com2* 为识别指标，发现我国股市的博彩型股票不存在明显的行业集中现象。本章首先以 *MAX* 为例，检验了在 *MAX* 识别指标下，我国股市的博彩型股票的行业集中现象。同时，还通过计算各行业中所含股票为博彩型股票、非博彩型股票和其他股票的比例，分析了不同行业的博彩强度。本章遵照证监会门类行业划分将所有样本股票划分为 13 个行业。

表 4　8 中各行业的第一行数据的占比计算的分母是所有样本股票数量。其中，第三列（即未分组）表示该行业股票占总体的比例。第 4 列至第 8 列表示该行业中的各组股票数量占总体对应类别的股票数量的比例。$T_1$ 组表示非博彩型股票组合，$T_5$ 组表示博彩型股票组合，$T_2 \sim T_4$ 组表示其他股票组合。对比表 4 －8 的最后 5 列数据与未分组数据可以发现，它们的数值相差不大。这意味在 *MAX* 识别指标下，我国股市的博彩型股票不存在明显的行业集中现象。这也实证了郑振龙和孙清泉（2013）的分析结果，说明中国股市与美国股市在博彩型股票的行业集中性方面有所不同。

**表 4 －8　　博彩型股票在不同行业的数量占比（*MAX*）**　　单位：%

| 行业 | 考察对象 | 未分组 | $T_1$ | $T_2$ | $T_3$ | $T_4$ | $T_5$ |
|---|---|---|---|---|---|---|---|
| 采掘业 | 总体 | 2. 11 | 2. 42 | 1. 91 | 1. 95 | 2. 09 | 2. 19 |
| | 本行业 | 100. 00 | 22. 85 | 18. 12 | 18. 49 | 19. 83 | 20. 71 |
| 传播与文化产业 | 总体 | 0. 83 | 0. 62 | 0. 65 | 0. 76 | 0. 88 | 1. 25 |
| | 本行业 | 100. 00 | 14. 95 | 15. 61 | 18. 23 | 21. 25 | 29. 97 |
| 电力煤气水 | 总体 | 4. 33 | 6. 09 | 4. 68 | 3. 91 | 3. 77 | 3. 20 |
| | 本行业 | 100. 00 | 28. 06 | 21. 65 | 18. 07 | 17. 43 | 14. 79 |
| 房地产业 | 总体 | 3. 79 | 3. 54 | 3. 75 | 3. 65 | 3. 86 | 4. 16 |
| | 本行业 | 100. 00 | 18. 63 | 19. 80 | 19. 28 | 20. 39 | 21. 89 |
| 建筑业 | 总体 | 2. 33 | 2. 46 | 2. 43 | 2. 24 | 2. 15 | 2. 37 |
| | 本行业 | 100. 00 | 21. 06 | 20. 89 | 19. 23 | 18. 52 | 20. 30 |
| 交通运输仓储业 | 总体 | 4. 57 | 7. 64 | 4. 67 | 3. 90 | 3. 34 | 3. 28 |
| | 本行业 | 100. 00 | 33. 41 | 20. 49 | 17. 11 | 14. 66 | 14. 34 |
| 金融保险业 | 总体 | 1. 53 | 2. 68 | 1. 41 | 1. 25 | 1. 16 | 1. 16 |
| | 本行业 | 100. 00 | 34. 89 | 18. 41 | 16. 38 | 15. 13 | 15. 20 |

续表

| 行业 | 考察对象 | 未分组 | $T_1$ | $T_2$ | $T_3$ | $T_4$ | $T_5$ |
|---|---|---|---|---|---|---|---|
| 农林牧渔业 | 总体 | 1.60 | 1.29 | 1.71 | 1.80 | 1.56 | 1.62 |
| | 本行业 | 100.00 | 16.12 | 21.39 | 22.59 | 19.61 | 20.29 |
| 批发和零售贸易 | 总体 | 6.95 | 7.89 | 7.63 | 6.98 | 6.34 | 5.92 |
| | 本行业 | 100.00 | 22.66 | 21.96 | 20.10 | 18.26 | 17.03 |
| 社会服务业 | 总体 | 3.19 | 3.51 | 3.31 | 3.22 | 3.19 | 2.75 |
| | 本行业 | 100.00 | 21.93 | 20.73 | 20.16 | 19.98 | 17.21 |
| 信息技术业 | 总体 | 6.71 | 4.37 | 5.56 | 6.63 | 7.91 | 9.06 |
| | 本行业 | 100.00 | 12.99 | 16.60 | 19.78 | 23.63 | 26.99 |
| 制造业 | 总体 | 58.35 | 54.01 | 58.49 | 60.10 | 60.11 | 59.04 |
| | 本行业 | 100.00 | 18.47 | 20.06 | 20.62 | 20.63 | 20.22 |
| 综合类 | 总体 | 3.71 | 3.48 | 3.79 | 3.62 | 3.64 | 4.00 |
| | 本行业 | 100.00 | 18.76 | 20.49 | 19.54 | 19.65 | 21.56 |

表4－8中各行业的第二行数据的计算分母是本行业的股票数量，所以第三列（即未分组）的数值均为100%。第4列至第8列则是计算了本行业中各类股票数量与本行业股票总数的比值。该比值说明了各行业中有多大比例的股票属于博彩型股票、非博彩型股票和其他股票。可以看到，在传播与文化产业和信息技术业这两个行业中，博彩型股票占比较高且非博彩型股票占比较低。而在电力煤气水、交通运输仓储业和金融保险业这三个行业中，博彩型股票占比较低而非博彩型股票占比较高。对于美国市场，库马尔（2009）发现能源、采矿、金融服务等行业中博彩型股票的占比最低，而公共事业、消费品和餐饮行业中博彩型股票的占比最高。虽然本节与库马尔（2009）的行业划分不完全一致，但也可以看出中

美股市的异同。例如，无论在中国股市，还是在美国股市中，金融相关行业中的博彩型股票占比均较低。

### 4.4.2　博彩型股票在不同行业的偏度及收益率表现

我们已经从数量占比的角度进行了行业特征分析，但要考察各行业中股票的博彩特性强弱程度，还需从博彩型股票的两个基本特征来进行检验。例如，如果某个行业的博彩型股票偏度更正偏，并获得更低的负异常收益率，则说明该行业股票的博彩特性更强。当然，在比较这两个基本特征时，还需考虑各行业自身收益偏度和收益率的不同。为了剔除各行业收益率及其偏度差异对结果的影响，本节还计算了各行业组合 $T_1$ 与组合 $T_5$ 的偏度差，以及多空投资组合（$T_1-T_5$）的异常收益率。具体情况如表 4 -9 所示。

**表 4 -9　博彩型股票在不同行业的偏度及收益率表现（*MAX*）**

| 行业 | $T_1$ | | $T_5$ | | $T_1-T_5$ | |
|---|---|---|---|---|---|---|
| | *Skew* | *AR* | *Skew* | *AR* | *Skew* | *AR* |
| 采掘业 | -0. 3662 | 0. 0157 ***<br>(2. 89) | 0. 3908 | 0. 0025<br>(0. 37) | -0. 7570 | 0. 0101<br>(1. 23) |
| 传播与文化产业 | 0. 0090 | 0. 0046<br>(0. 71) | 0. 7348 | -0. 0064<br>(-0. 66) | -0. 7258 | 0. 0171<br>(1. 34) |
| 电力煤气水 | -0. 0981 | 0. 0036<br>(1. 20) | 0. 5970 | -0. 0111 ***<br>(-2. 64) | -0. 6951 | 0. 0146 ***<br>(3. 06) |
| 房地产业 | -0. 1744 | 0. 0054<br>(1. 23) | 0. 6810 | -0. 0035<br>(-0. 61) | -0. 8554 | 0. 0084<br>(1. 44) |
| 建筑业 | -0. 0631 | 0. 0015<br>(0. 37) | 0. 6126 | -0. 0060<br>(-0. 95) | -0. 6757 | 0. 0062<br>(0. 88) |

续表

| 行业 | $T_1$ | | $T_5$ | | $T_1-T_5$ | |
|---|---|---|---|---|---|---|
| | *Skew* | *AR* | *Skew* | *AR* | *Skew* | *AR* |
| 交通运输仓储业 | 0.1015 | 0.0030<br>(1.06) | 1.2484 | -0.0081*<br>(-1.72) | -1.1469 | 0.0108**<br>(2.02) |
| 金融保险业 | 0.0879 | 0.0108**<br>(2.47) | 0.3906 | -0.0065<br>(-0.78) | -0.3027 | 0.0116<br>(1.11) |
| 农林牧渔业 | -1.0241 | 0.0099<br>(1.37) | 0.8363 | -0.0075<br>(-0.98) | -1.8604 | 0.0191*<br>(1.77) |
| 批发和零售贸易 | 0.0576 | 0.0069***<br>(2.81) | 0.9603 | -0.0106***<br>(-3.17) | -0.9027 | 0.0175***<br>(4.40) |
| 社会服务业 | -0.1070 | 0.0050<br>(1.30) | 0.9545 | -0.0017<br>(-0.37) | -1.0615 | 0.0063<br>(1.05) |
| 信息技术业 | -0.0304 | 0.0062<br>(1.52) | 1.1766 | -0.0017<br>(-0.34) | -1.2070 | 0.0072<br>(1.23) |
| 制造业 | -0.0866 | 0.0039**<br>(2.01) | 0.7246 | -0.0073***<br>(-3.36) | -0.8112 | 0.0112***<br>(3.86) |
| 综合类 | -0.2024 | 0.0098*<br>(1.87) | 1.6553 | -0.0086**<br>(-2.00) | -1.8577 | 0.0176***<br>(2.75) |

注：***、**、*分别表示在1%、5%、10%的水平上显著。

根据表4-9，综合类、农林牧渔业、交通运输仓储业、社会服务业、信息技术业的偏度差更大，说明这五个行业中的博彩型股票具有更突出的正偏性。从异常收益率来看，电力煤气水、交通运输仓储业、批发和零售贸易、制造业、综合类、农林牧渔业这六个行业的多空投资组合获得显著的正异常收益。其中，电力煤气水、交通运输仓储业、批发和零售贸易、制造业、综合类五个行业的博彩型投资组合获得显著的负异常收益。虽然只有少数行业的博彩型投资组合的异常收益显著为负，但这五个行业占的股票数量占总股票数量的比例达到 77.91%（见表 4-8）。综合 *Skew* 和 *AR* 两个方面，可以发现交通运输仓储业、农林牧渔业和综合类行业中的博彩型股票具有更强的博彩特性。

### 4.4.3　其他识别指标下的行业特征分析

表 4-10 至表 4-12 分别列示了以 *IS*、*Com*1 和 *Com*2 为识别指标时，博彩特性的行业特征分析。根据表 4-10 中各行业的第一行数据，通过对比各指标的 $T_1$ 和 $T_5$ 组合与未分组结果，仍然可以发现大部分行业不存在博彩型股票的行业集中现象。

**表 4-10　博彩型股票在不同行业的数量占比（*IS*、*Com1* 及 *Com2*）**

单位：%

| 行业 | 考察对象 | 未分组 | *IS* | | *Com*1 | | *Com*2 | |
|---|---|---|---|---|---|---|---|---|
| | | | $T_1$ | $T_5$ | $T_1$ | $T_5$ | $T_1$ | $T_5$ |
| 采掘业 | 总体 | 2.11 | 3.07 | 1.38 | 3.83 | 0.81 | 3.71 | 0.97 |
| | 本行业 | 100.00 | 28.96 | 13.03 | 36.43 | 7.63 | 34.98 | 9.23 |
| 传播与文化产业 | 总体 | 0.83 | 0.93 | 0.62 | 1.00 | 0.39 | 0.85 | 0.80 |
| | 本行业 | 100.00 | 22.23 | 14.82 | 24.07 | 9.25 | 20.26 | 19.28 |
| 电力煤气水 | 总体 | 4.33 | 3.54 | 5.57 | 3.36 | 5.12 | 4.62 | 3.82 |
| | 本行业 | 100.00 | 16.33 | 25.72 | 15.58 | 23.53 | 21.29 | 17.70 |
| 房地产业 | 总体 | 3.79 | 4.24 | 4.01 | 2.54 | 4.61 | 3.37 | 3.71 |
| | 本行业 | 100.00 | 22.34 | 21.13 | 13.44 | 24.22 | 17.71 | 19.64 |
| 建筑业 | 总体 | 2.33 | 2.14 | 2.84 | 2.11 | 2.87 | 1.93 | 2.43 |
| | 本行业 | 100.00 | 18.36 | 24.36 | 18.17 | 24.57 | 16.51 | 20.91 |
| 交通运输仓储业 | 总体 | 4.57 | 4.39 | 5.66 | 4.42 | 5.35 | 5.44 | 3.52 |
| | 本行业 | 100.00 | 19.21 | 24.78 | 19.47 | 23.36 | 23.76 | 15.46 |

续表

| 行业 | 考察对象 | 未分组 | *IS* | | *Com*1 | | *Com*2 | |
|---|---|---|---|---|---|---|---|---|
| | | | $T_1$ | $T_5$ | $T_1$ | $T_5$ | $T_1$ | $T_5$ |
| 金融保险业 | 总体 | 1.53 | 3.02 | 1.04 | 3.44 | 0.44 | 3.46 | 0.73 |
| | 本行业 | 100.00 | 39.42 | 13.63 | 45.20 | 5.78 | 44.99 | 9.60 |
| 农林牧渔业 | 总体 | 1.60 | 1.41 | 1.63 | 1.20 | 1.94 | 0.93 | 2.17 |
| | 本行业 | 100.00 | 17.62 | 20.47 | 15.16 | 24.20 | 11.60 | 27.24 |
| 批发和零售贸易 | 总体 | 6.95 | 6.42 | 7.61 | 7.10 | 7.02 | 7.98 | 6.37 |
| | 本行业 | 100.00 | 18.44 | 21.87 | 20.54 | 20.10 | 22.88 | 18.39 |
| 社会服务业 | 总体 | 3.19 | 3.30 | 2.94 | 3.69 | 2.47 | 4.21 | 2.48 |
| | 本行业 | 100.00 | 20.64 | 18.40 | 23.21 | 15.41 | 26.29 | 15.56 |
| 信息技术业 | 总体 | 6.71 | 6.80 | 5.54 | 7.27 | 4.81 | 5.91 | 6.48 |
| | 本行业 | 100.00 | 20.40 | 16.51 | 21.79 | 14.29 | 17.55 | 19.39 |
| 制造业 | 总体 | 58.35 | 57.54 | 56.65 | 57.68 | 58.98 | 55.05 | 62.04 |
| | 本行业 | 100.00 | 19.68 | 19.40 | 19.87 | 20.13 | 18.80 | 21.33 |
| 综合类 | 总体 | 3.71 | 3.13 | 4.50 | 2.37 | 5.19 | 2.54 | 4.48 |
| | 本行业 | 100.00 | 16.85 | 24.26 | 12.85 | 27.89 | 13.66 | 24.24 |

**表 4-11　博彩型股票在不同行业的偏度表现（*IS*、*Com*1 及 *Com*2）**

| 行业 | *IS* | | | *Com*1 | | | *Com*2 | | |
|---|---|---|---|---|---|---|---|---|---|
| | $T_1$ | $T_5$ | $T_1-T_5$ | $T_1$ | $T_5$ | $T_1-T_5$ | $T_1$ | $T_5$ | $T_1-T_5$ |
| 采掘业 | 0.348 | 1.079 | -0.731 | 0.173 | 0.871 | -0.698 | -0.023 | 0.520 | -0.543 |
| 传播与文化产业 | 0.403 | 2.712 | -2.309 | 0.553 | 2.364 | -1.811 | 0.442 | 0.299 | 0.143 |
| 电力煤气水 | -0.039 | 0.802 | -0.840 | 0.169 | 0.800 | -0.631 | 0.067 | 0.407 | -0.341 |
| 房地产业 | 0.392 | 1.119 | -0.727 | 0.226 | 0.651 | -0.425 | 0.037 | 0.916 | -0.880 |
| 建筑业 | 0.714 | 0.881 | -0.167 | 0.186 | 0.607 | -0.421 | 0.164 | 0.637 | -0.473 |
| 交通运输仓储业 | -0.024 | 1.306 | -1.330 | -0.167 | 1.138 | -1.305 | 0.383 | 1.044 | -0.661 |
| 金融保险业 | 0.354 | 1.233 | -0.879 | 0.356 | 1.106 | -0.750 | 0.305 | 0.836 | -0.531 |

续表

| 行业 | *IS* | | | *Com*1 | | | *Com*2 | | |
|---|---|---|---|---|---|---|---|---|---|
| | $T_1$ | $T_5$ | $T_1-T_5$ | $T_1$ | $T_5$ | $T_1-T_5$ | $T_1$ | $T_5$ | $T_1-T_5$ |
| 农林牧渔业 | -0.133 | 1.464 | -1.596 | 0.140 | 1.133 | -0.992 | -0.746 | 0.563 | -1.309 |
| 批发和零售贸易 | -0.136 | 0.925 | -1.060 | -0.030 | 0.788 | -0.818 | 0.104 | 0.653 | -0.550 |
| 社会服务业 | 0.077 | 2.544 | -2.468 | 0.122 | 1.064 | -0.942 | 0.048 | 0.334 | -0.286 |
| 信息技术业 | -0.075 | 2.672 | -2.747 | 0.153 | 1.750 | -1.597 | 0.901 | 1.130 | -0.229 |
| 制造业 | -0.052 | 0.804 | -0.856 | -0.035 | 0.694 | -0.728 | 0.120 | 0.450 | -0.330 |
| 综合类 | -0.073 | 1.676 | -1.749 | 0.214 | 1.870 | -1.656 | -0.119 | 0.847 | -0.965 |

**表 4-12　博彩型股票在不同行业的异常收益率表现（*IS*、*Com*1 及 *Com*2）**

| 行业 | *IS* | | | *Com*1 | | | *Com*2 | | |
|---|---|---|---|---|---|---|---|---|---|
| | $T_1$ | $T_5$ | $T_1-T_5$ | $T_1$ | $T_5$ | $T_1-T_5$ | $T_1$ | $T_5$ | $T_1-T_5$ |
| 采掘业 | 0.011*<br>(1.92) | 0.002<br>(0.29) | 0.001<br>(0.14) | 0.013**<br>(2.45) | 0.010<br>(1.20) | 0.000<br>(0.01) | 0.015***<br>(3.03) | -0.004<br>(-0.52) | 0.020**<br>(2.25) |
| 传播与文化产业 | 0.020**<br>(2.19) | -0.004<br>(-0.53) | 0.027*<br>(1.85) | 0.023***<br>(3.21) | -0.004<br>(-0.35) | 0.024<br>(1.66) | 0.010<br>(1.53) | -0.016<br>(-1.44) | 0.037**<br>(2.51) |
| 电力煤气水 | 0.006*<br>(1.73) | -0.006**<br>(-2.17) | 0.012***<br>(2.70) | 0.002<br>(0.56) | -0.005<br>(-1.51) | 0.007<br>(1.60) | 0.004<br>(1.26) | -0.008**<br>(-2.22) | 0.013***<br>(2.74) |
| 房地产业 | 0.009<br>(1.59) | -0.008*<br>(-1.84) | 0.016***<br>(3.08) | 0.005<br>(0.99) | -0.007*<br>(-1.67) | 0.012***<br>(2.73) | 0.003<br>(0.71) | -0.009*<br>(-1.97) | 0.011**<br>(2.20) |
| 建筑业 | 0.006<br>(1.08) | -0.001<br>(-0.19) | 0.009<br>(1.37) | 0.005<br>(1.14) | -0.004<br>(-0.78) | 0.009<br>(1.48) | -0.001<br>(-0.15) | -0.009<br>(-1.65) | 0.007<br>(1.05) |
| 交通运输仓储业 | 0.002<br>(0.79) | -0.007**<br>(-2.11) | 0.009**<br>(2.32) | 0.006**<br>(2.03) | -0.002<br>(-0.49) | 0.009**<br>(2.23) | 0.002<br>(0.66) | -0.008**<br>(-2.05) | 0.010*<br>(1.88) |
| 金融保险业 | 0.012**<br>(2.43) | -0.001<br>(-0.19) | 0.003<br>(0.55) | 0.013***<br>(3.14) | -0.009<br>(-0.97) | 0.018**<br>(2.19) | 0.010**<br>(2.15) | 0.002<br>(0.25) | 0.004<br>(0.35) |
| 农林牧渔业 | 0.005<br>(1.02) | -0.001<br>(-0.21) | 0.008<br>(1.22) | 0.0011<br>(0.20) | -0.010*<br>(-1.95) | 0.016**<br>(2.00) | 0.003<br>(0.41) | -0.014***<br>(-2.87) | 0.016*<br>(1.93) |

续表

| 行业 | IS | | | Com1 | | | Com2 | | |
|---|---|---|---|---|---|---|---|---|---|
| | $T_1$ | $T_5$ | $T_1-T_5$ | $T_1$ | $T_5$ | $T_1-T_5$ | $T_1$ | $T_5$ | $T_1-T_5$ |
| 批发和零售贸易 | 0.002<br>(0.84) | -0.002<br>(-0.74) | 0.004<br>(1.37) | 0.006**<br>(2.15) | -0.004<br>(-1.48) | 0.010***<br>(2.90) | 0.008***<br>(3.01) | -0.009***<br>(-2.76) | 0.017***<br>(4.26) |
| 社会服务业 | 0.005<br>(1.41) | -0.005<br>(-1.26) | 0.011**<br>(2.04) | 0.004<br>(1.28) | -0.008**<br>(-2.12) | 0.013***<br>(2.77) | 0.003<br>(0.87) | -0.005<br>(-1.14) | 0.008<br>(1.64) |
| 信息技术业 | 0.006<br>(1.65) | -0.005<br>(-1.60) | 0.012***<br>(3.03) | 0.005<br>(1.27) | -0.004<br>(-1.08) | 0.010**<br>(2.10) | 0.010**<br>(2.30) | -0.008*<br>(-1.84) | 0.018**<br>(2.48) |
| 制造业 | 0.003**<br>(2.02) | -0.004**<br>(-2.25) | 0.007***<br>(4.05) | 0.006***<br>(3.23) | -0.005***<br>(-2.72) | 0.011***<br>(5.23) | 0.007***<br>(3.38) | -0.009***<br>(-5.02) | 0.016***<br>(6.28) |
| 综合类 | 0.008<br>(1.65) | 0.000<br>(0.09) | 0.007<br>(1.34) | 0.004<br>(0.95) | -0.005<br>(-1.28) | 0.009<br>(1.61) | 0.002<br>(0.39) | -0.008**<br>(-2.09) | 0.009<br>(1.63) |

另外，比较表4-8和表4-10可以看到：（1）以 *Com2* 为识别指标的行业占比情况与 *MAX* 指标下的分析结果较为一致。这是因为指标 *Com2* 中包括了 *MAX* 维度，两个指标含有一定的相同信息。（2）*IS* 和 *Com1* 指标下的行业占比情况比较一致，并且与 *MAX* 有一定差异。例如，在电力煤气水和交通运输仓储业中，*Com1* 和 *MAX* 的分析结果表明博彩型股票占比低于非博彩型股票占比，而 *Com2* 和 *IS* 则显示出相反的情况。我们知道，从经济直觉上，*MAX* 与 *IS* 具有一定联系。而上述结果可能意味着在这些行业中，*MAX* 与 *IS* 的相关性不大。

表4-11和表4-12则描述了在 *IS*、*Com1* 和 *Com2* 指标下，各行业博彩型股票的偏度和异常收益率表现。根据表4-11，*IS* 和 *Com1* 显示在信息技术业、社会服务业、传播与文化产业、综合类、农林牧渔业和交通运输仓储业中，博彩型股票具有更突出的收益正

偏性。这与 *MAX* 的分析结果基本一致。其中，*Com*1 与 *MAX* 识别出的偏度差十分相似，而 *IS* 识别出的偏度差异比 *MAX* 更大。另外，*Com*2 识别出的偏度差异较小，这可能与 *Com*2 中的换手率对偏度的影响有关。

对比表 4－9 和表 4－12，*MAX* 识别出的那些博彩型股票能够获得显著负异常收益的行业，基本都在其余三个指标下得到了验证。不过，在 *Com*2 指标下，有更多行业的博彩型股票表现出显著的负异常收益，并导致多空投资组合（$T_1 - T_5$）获得显著正异常收益。这意味着，指标 *Com*2 对博彩型股票的行业投资更具指导意义。

## 4.5　博彩特性的时变性

已有一些研究注意到股票博彩特性的时变性。最初，库马尔（2009）的研究证实博彩偏好受到宏观经济环境的影响。郑振龙和孙清泉（2013）验证了这一观点，发现中国投资者的博彩偏好也受宏观经济环境影响，当宏观经济增长速度放缓，人们对经济信息掌握情况不足时，投资者倾向于追逐博彩型股票。不过，关于股市周期对博彩特性的研究，现有文献只是简单涉及。格林和黄（2012）发现不同偏度股票的收益率差异在各时期有明显不同。沃克什（2014）发现在欧洲市场，高 *MAX* 股票的收益率在 2001～2011 年间比 1990～2000 年间更低，并且高 *MAX* 与低 *MAX* 股票的收益差异在 2001～2011 年间更大。这些研究也没有对股市周期进行详细的划分。我们知道，股票市场在牛市和熊市中不断交替演进，而且市场环境、投资者的心理和行为都会受到市场状态的影响。因此，有必要分析股票博彩特性在股市不同阶段的表现。江曙霞和陈青（2013）通过比较不同市场状况，发现 *MAX* 在牛市和熊市中，对未来收益的影响都十分显著，而在平衡市中影响较弱。但该研究对股市周期的划分方法属于事后根据指数走势划分市场状态的主观划分方法。

本章将使用马尔科夫区制转移模型来划分中国股市的牛熊市周期。马尔科夫区制转移模型将股市的不同市场状态视为不同机制的转换，其特点是在模型的估计过程中，不需预先设定市场状态的划分标准。同时，嵌入非线性结构的马尔科夫区制转移模型可以较好地拟合中国股市的非线性特征（徐绪松和彦斌，2001；李卓和赵勇，2005；闫超等，2014）。

### 4.5.1 模型介绍

本章采用的是两状态（two-state）的马尔科夫区制转移模型。根据汉密尔顿（Hamilton，1989）的思想，马尔科夫区制转移形式的股市 $t$ 期收益率模型可以表示为：

$$r_t = \mu_{S_t} + \beta'_{S_t} X_t + \varepsilon_t,\ \varepsilon_t \sim iidN(0,\ \sigma^2_{S_t}) \tag{4-1}$$

其中，$r_t$ 为股市在 $t$ 期的收益率；$\mu_{S_t}$ 为常数项；$\beta'_{S_t}$ 为解释变量的估计系数向量；$X_t$ 为解释变量向量；$\varepsilon_t$ 是独立同分布的模型残差，服从均值为 0、波动率为 $\sigma_{S_t}$ 的正态分布。$S_t$ 为虚拟变量，在两状态马尔科夫区制转移模型中，$S_t$ 的取值为 1 和 2，可以表示两种不同的市场状态。因此，模型（4-1）中的常数项、估计系数和收

益率的波动率均随 $S_t$ 的不同而不同。从而，该模型可以灵活地刻画出股市在不同市场状态下不同的收益率和波动率。

该模型加入的状态变量 $S_t$ 不同于一般的模型。马尔科夫区制转移模型与一般虚拟变量回归不同，前者将状态变量视为无法观测的，不能事先设定，而是假设状态的变化服从一阶马尔科夫链，更具客观性；后者则将不同时期的虚拟变量取值进行了事先设定。由状态转移概率 $p_{ij}=P(S_t=j|S_{t-1}=i)$ 来表示从时刻 $t-1$ 的状态 $i$ 转移到时刻 $t$ 的状态 $j$ 的概率。不同状态之间的转移概率可以用转移概率矩阵 $P$ 表示：

$$P=\begin{pmatrix} p_{11} & p_{12} \\ p_{21} & p_{22} \end{pmatrix},\ \sum_{j=1}^{2} p_{ij}=1\ (i,\ j=1,\ 2) \tag{4-2}$$

同时，根据转移概率，可以计算各区制的持续期（duration），即各区制持续的时间长度。具体计算方法为：

$$D(S_t)=\frac{1}{1-p_{ij}},\ \text{for } i=j\ (i,\ j=1,\ 2) \tag{4-3}$$

### 4.5.2　模型参数的估计

本节旨在利用马尔科夫区制转移模型划分中国股市的市场周期，而划分的依据是市场的收益率和波动性表现。因此，我们对上证综指的月度收益率序列 $r_t$ 进行两状态的马尔科夫区制转移模型的估计，而未包含解释变量 $X_t$。于是，上述模型简化为：

$$r_t=\mu_{S_t}+\varepsilon_t,\ \varepsilon_t\sim iidN(0,\ \sigma_{S_t}^2),\ S_t=1,\ 2 \tag{4-4}$$

本节对系数的估计采用汉密尔顿的极大似然估计法，模型（4-4）的对数似然函数为：

$$\ln L = \sum_{t=1}^{T} \ln\left[\frac{1}{\sqrt{2\pi\sigma_{S_t}^2}}\exp\left(-\frac{r_t - \mu_{S_t}}{2\sigma_{S_t}^2}\right)\right] \tag{4-5}$$

由于 $S_t$ 不是事先已知的，因此不能直接通过最大化式（4－5）来估计模型，而是要将式（4－5）作为参数 $\mu_1$、$\mu_2$、$\sigma_1^2$ 和 $\sigma_2^2$ 的函数。利用状态 $j$ 下的似然函数 $f(r_t|S_t=j, \Theta)$［其中，$\Theta$ 为待估参数向量，即 $\Theta=(\mu_1, \mu_2, \sigma_1, \sigma_2)$］，可以将式（4－5）写为：

$$\ln L = \sum_{t=1}^{T} \ln \sum_{j=1}^{2} [f(r_t|S_t=j, \Theta)P(S_t=j)] \tag{4-6}$$

即为各状态似然函数的加权平均，权重为状态概率。根据汉密尔顿的思想，每个状态的滤子概率可以基于已有信息进行计算。给定初始值和 $t-1$ 期信息，每个状态的滤子概率（filter probabilities）可以通过迭代计算得到：

$$P(S_t = j|I_{t-1}) = \sum_{i=1}^{2} p_{ji}[P(S_{t-1} = i|I_{t-1})] \tag{4-7}$$

其中，$p_{ji}$ 是状态转移概率，已包含在 $t-1$ 期信息中。利用新信息通过贝叶斯法则得到区制转移的滤子概率为：

$$P(S_t = j|I_t) = \frac{f(r_t|S_t = j, I_{t-1})P(S_t = j|I_{t-1})}{\sum_{j=1}^{2} f(r_t|S_t = j, I_{t-1})P(S_t = j|I_{t-1})} \tag{4-8}$$

进而可以计算模型的对数似然函数：

$$\ln L = \sum_{t=1}^{T} \ln \sum_{j=1}^{2} [f(r_t|S_t = j, \Theta)P(S_t = j|I_t)] \tag{4-9}$$

最大化式（4－9）即可得到模型的参数估计值。

除上述滤子概率之外，区制转移概率还包括平滑概率（smoothed probabilities）。滤子概率值使用了同期信息，而平滑概率可以改善估计效果，这是因为平滑概率使用了全部时期的信息。平滑概率的计算公式为：

$$P(S_t = j|I_t) = \sum_{i=1}^{T} P(S_t = j, S_{t+1} = i|I_T) = \sum_{i=1}^{T} \left[ \frac{P(S_t = j, S_{t+1} = i|I_t)}{P(S_{t+1} = i|I_t)} P(S_{t+1} = i|I_T) \right] \quad (4-10)$$

本章将使用平滑概率对中国股市的周期转换进行刻画。

### 4.5.3　实证结果分析

为了能够依据市场收益率及其波动性来划分股市周期，本节对上证综指的月收益率序列进行了不包含解释变量 $X_t$ 的两状态马尔科夫区制转移模型的估计，估计结果如表 4－13 所示。

**表 4－13　　市场收益的马尔科夫区制转移模型估计结果**

| 参数 | 区制 1 | 区制 2 |
|---|---|---|
| $\mu_{S_t}$ | 0.0327 | -0.0013 |
| $\sigma_{S_t}$ | 0.1178 | 0.0559 |
| 平均持续期 | 24.3568 | 43.3059 |
| 转移概率矩阵 | $P = \begin{pmatrix} 0.9589 & 0.0411 \\ 0.0231 & 0.9769 \end{pmatrix}$ | |
| 对数似然值 | 234.6113 | |

从表 4－13 可以得到如下几点结论：（1）均值 $\mu_{S_t}$ 的估计值表示了各区制的平均收益率，区制 1 和区制 2 的值分别为 0.0327、-0.0013。这说明区制 1 的平均收益率为正，区制 2 的平均收益率为负。因此，区制 1 与股市牛市相对应，而区制 2 与股市熊市相对

应。(2) 从模型残差的波动率 $\sigma_{S_t}$ 来看，区制 1 的波动率为 0. 1178，区制 2 的波动率为 0. 0559，前者高于后者。结合区制 1 和区制 2 分别对应牛市和熊市，可见在中国股市中，牛市的收益波动高于熊市的收益波动。这一结论与朱钧钧和谢识予（2010）、黄芬红（2015）的研究一致。(3) 区制 1 的持续期短于区制 2 的持续期，再次验证中国股市“牛短熊长”的特点。(4) 两个区制的维持概率均在 95% 以上，这说明两个市场状态都具有较高的稳定性。

图 4－1 则详细描述了两个区制的转移概率及其与上证综指月度收益率走势的对比情况。实线为区制 1 各时期的转移概率，点折线为区制 2 各时期的转移概率，转移概率数值由左轴给出；点线描述了市场月收益率情况，其数值由右轴给出。

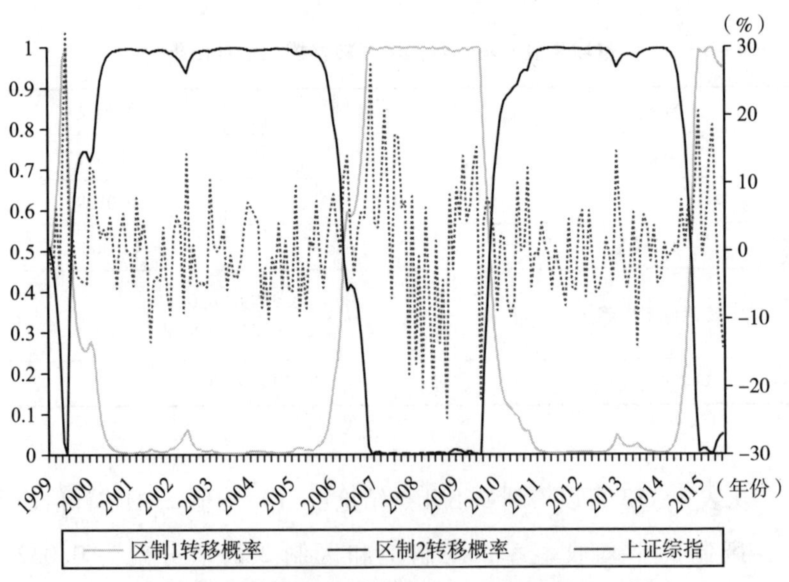


**图 4－1　各区制转移概率与市场收益率走势图**

图 4－1 再次证实中国股市的大部分时间处于熊市。其中，区制 1 主要分布在 1999 年、2006～2009 年和 2014 年之后这三个时间段，其余时间几乎都处在区制 2 之中。另外，图 4－1 也同样指出区制 1 的波动性更高。在具体的市场划分中，对于时期 $t$，若区制 1 的维持概率（$p_{11}$）不低于区制 2 的维持概率（$p_{22}$），则认为该时期属于区制 1；否则，认为该时期属于区制 2。据此，本书将整个样本区间划分为两部分，分别对应牛市和熊市，并在此基础上，对比分析股票博彩特性的强弱程度。具体分析结果见表 4－14。

**表 4－14　　股票博彩特性在两个区制中的强弱表现**

| 指标 | 市场状态 | 变量 | $T_1$ | $T_2$ | $T_3$ | $T_4$ | $T_5$ | $T_1-T_5$ |
|---|---|---|---|---|---|---|---|---|
| *MAX* | 区制 1 | *Skew* | -0.3830 | -0.4258 | -0.3341 | -0.2920 | 0.0225 | -0.4055 |
| | | *AR* | 0.0085**<br>(2.11) | 0.0044<br>(1.16) | -0.0006<br>(-0.18) | -0.0070*<br>(-1.88) | -0.0145***<br>(-2.98) | 0.0230***<br>(3.48) |
| | 区制 2 | *Skew* | -0.0164 | 0.2446 | 0.1675 | 0.1900 | 0.4351 | -0.4515 |
| | | *AR* | 0.0062***<br>(4.47) | 0.0042***<br>(3.43) | 0.0009<br>(0.42) | -0.0030**<br>(-2.17) | -0.0249***<br>(-5.25) | 0.0311***<br>(6.25) |
| *IS* | 区制 1 | *Skew* | -0.5100 | -0.4183 | -0.3630 | -0.2188 | 0.1515 | -0.6615 |
| | | *AR* | 0.0033<br>(0.90) | 0.0005<br>(0.14) | -0.0017<br>(-0.44) | -0.0063**<br>(-2.09) | -0.0051<br>(-1.31) | 0.0084*<br>(1.86) |
| | 区制 2 | *Skew* | -0.1865 | 0.1438 | 0.1680 | 0.2809 | 0.4809 | -0.6674 |
| | | *AR* | 0.0062***<br>(4.92) | 0.0059***<br>(4.83) | 0.0025*<br>(1.96) | 0.0017<br>(1.24) | -0.0036**<br>(-2.22) | 0.0098***<br>(5.39) |
| *Com1* | 区制 1 | *Skew* | -0.5470 | -0.4428 | -0.3732 | -0.2129 | 0.0294 | -0.5764 |
| | | *AR* | 0.0042<br>(1.20) | 0.0010<br>(0.28) | -0.0021<br>(-0.54) | -0.0056<br>(-1.67) | -0.0061*<br>(-1.74) | 0.0103**<br>(2.61) |

续表

| 指标 | 市场状态 | 变量 | $T_1$ | $T_2$ | $T_3$ | $T_4$ | $T_5$ | $T_1-T_5$ |
|---|---|---|---|---|---|---|---|---|
| *Com*1 | 区制 2 | *Skew* | -0.1766 | 0.2056 | 0.2201 | 0.2278 | 0.4329 | -0.6095 |
|  |  | *AR* | 0.0076***<br>(5.03) | 0.0051***<br>(3.67) | 0.0031**<br>(2.52) | 0.0015<br>(1.20) | -0.0025*<br>(-1.73) | 0.0102***<br>(5.04) |
| *Com*2 | 区制 1 | *Skew* | -0.4375 | -0.3130 | -0.2547 | -0.3360 | -0.2458 | -0.1917 |
|  |  | *AR* | 0.0052***<br>(3.44) | 0.0053***<br>(4.09) | 0.0040***<br>(3.18) | 0.0032**<br>(2.39) | -0.0031*<br>(-1.77) | 0.0086***<br>(4.19) |
|  | 区制 2 | *Skew* | -0.1682 | 0.1766 | 0.2674 | 0.1883 | 0.3718 | -0.2036 |
|  |  | *AR* | 0.0085**<br>(2.13) | 0.0036<br>(0.99) | -0.0011<br>(-0.30) | -0.0048<br>(-1.21) | -0.0157***<br>(-4.42) | 0.0242***<br>(4.90) |

表 4-14 是按 4 种指标识别出博彩型股票、非博彩型股票和其他股票之后，计算了各类股票在不同区制中的表现。首先，通过表 4-14 中的偏度表现可以发现：（1）无论在何种指标下，无论在区制 1 还是区制 2，博彩型投资组合均正偏，非博彩型投资组合均负偏，两组偏度差均为负。（2）非博彩型投资组合与博彩型投资组合在区制 2 中的收益偏度差都大于它们在区制 1 中的偏度差，这说明股票的博彩特性强弱随市场情况的变化而变化，并且博彩型股票在熊市中的博彩特性更强。（3）不同指标下，不同区制中的偏度差存在一定差异。具体而言，*MAX* 识别出的不同区制之间的偏度差异更为明显，这说明从偏度角度来看，*MAX* 识别出的股票博彩特性对市场情况的变化更为敏感。

其次，从异常收益率来看，可以发现：（1）无论在何种指标下，无论在区制 1 还是区制 2，博彩型投资组合均获得负异常收益，非博彩型投资组合均获得正异常收益，且多空投资组合（$T_1 - T_5$）获得正异常收益。（除 *IS* 指标下的区制 1 和 *Com*1 下的区制 1 存在不显著情况外。）（2）在 4 种识别指标下，博彩型投资组合在熊市中的异常收益低于其在牛市中的表现。同时，多空投资组合（$T_1 - T_5$）在熊市获得更高的正异常收益。可见，从异常收益的角度，博彩型股票也体现出在熊市中具有更强的博彩特性。（3）不同指标下，不同区制中的异常收益差存在一定差异。具体而言，*MAX* 和 *Com*2 识别出的不同区制之间的异常收益差异更为明显。这说明从异常收益的角度看，*MAX* 和 *Com*2 识别出的股票博彩特性对市场情况的变化更为敏感。

上述结论说明当市场状况较差时，博彩型股票的博彩特性会更加突出。由此可见，中国股市的博彩特性具有时变性，并且与市场走势相反。由于本节所分析的是博彩型股票的未来一期的收益率情况，因此，这意味着在前一期为市场状况较好的情况时，投资者更热衷于追求收益正偏的博彩型股票。这加剧了博彩型股票价格被高估的程度，从而导致博彩型股票在后期获得更低的异常收益。本书将在第 6 章进一步说明股票博彩特性的时变性实际上与投资者情绪的变化相关。鉴于投资者情绪在短期内反映了市场的收益情况（Baker and Wurgler，2006；易志高和茅宁，2009），故表现出股票博彩特性与市场走势的时变关系。

## 4.6　本章小结

本章考察了中国股市博彩型股票的市场表现特征，总结为以下几个特点：（1）各指标识别出的博彩型股票的大部分公司特征是一致的，但也有一定的差异性。依据最优的识别指标 *MAX*，本章发现博彩型股票具有较小的公司规模和账面市值比。较差的流动性，以及较高的收益波动性、风险因子 *Beta* 和换手率。这些结果与美国市场中的博彩型股票所具有的公司特征基本一致。（2）无论从识别指标来看，还是从转换概率来看，中国股市的博彩特性在短期内均具有持续性。不过，通过比较基于 *MAX* 指标计算出的中国和欧美股市的博彩特性转换概率矩阵可知，中国市场中的股票博彩特性的持续性弱于欧美股票市场。（3）依据不同识别指标，博彩特性的行业特征分析结果存在一些差异。根据 *MAX* 的划分，从股票数量占比来看，在传播与文化产业和信息技术业这两个行业中，博彩型股票占比较高，非博彩型股票占比较低。而在电力煤气水、交通运输仓储业和金融保险业这三个行业中，博彩型股票占比较低，非博彩型股票占比较高。库马尔（2009）也发现美国市场中金融业的博彩型股票占比较低。从收益正偏性和异常收益率来看，交通运输仓储业、农林牧渔业和综合类行业中的博彩型股票表现出较强的博彩特性。（4）中国股市的博彩特性具有时变性，其变化特点是与市场走势相反。也就是说，市场状况良好时，股票的博彩特性较弱；而市场状况不佳时，股票的博彩特性较强。

鉴于中国股市的自身特点，我们认为中国博彩型股票之所以具有上述市场表现特征，有以下几点原因：首先，我国投资者大多偏好短线操作，并依靠经验投资，其数据分析能力不足，过于关注短期交易数据。这导致简单、直观的 *MAX* 成为更符合我国投资者博彩心理和选股习惯的识别指标，所以 *MAX* 不仅具有最强的博彩特征识别能力，而且它的公司特征分析结果也最为合理。其次，中国投资者极容易受到各类心理因素和信息的影响，导致博彩投资者的看法和投资行为变化较大。这可能是中国市场的股票博彩特性的持续性弱于欧美市场的原因。最后，博彩特性的时变性反映了我国投资者博彩心理的变化。虽然博彩行为普遍存在于股票市场中，但投资者在市场表现高涨时，更渴望在短时间内有较好的收益，从而表现出更强的赌博倾向。另外，博彩型股票的公司特征和行业特征可能与我国投资者追逐某类股票或主题投资行为有关。这意味着，我国投资者对某些股票的偏好，可能源于投资者的赌博心理。

综上所述，由于中国股市和投资者自身的特殊性，博彩型股票具有一些不同于国外成熟市场的表现。研究者和投资者应对这些市场表现特征加以关注，从而能够在理论和实践中更准确、灵活地进行分析和操作。

# 第 5 章

# 博彩型股票收益的存在性解释：基于模型误设的实证分析

第 3 章和第 4 章的实证检验显示中国 A 股股市中的博彩型股票存在显著负异常收益。随之而来的问题是，博彩型股票为什么会有这样的收益？我们知道，博彩型收益是无法被 CAPM 和 Fama - French 三因子等常用资产定价模型所解释的收益率“异象”。它的存在似乎否定了理性因子定价解释（rational factor pricing explanation），以往的多数研究也自然地认为博彩型收益是市场非有效的表现，是股票被错误定价的结果。但是，在拒绝理性定价模型之前，我们还需要系统性地检验是否存在更好的风险定价因子，可以解释博彩型收益。也就是说，我们还需要进一步检验博彩型收益究竟是一种错误定价的结果，还是由模型误设（风险观）所导致的。

风险观解释认为博彩型收益是由定价模型的误设而导致的，即定价模型遗漏了某一定价因子，它能够控制住博彩型股票的风险回报。错误定价解释则认为，博彩型收益是市场没有对博彩型股票进行正确定价的结果。目前国内研究集中于检验中国股市中的博彩型股票是否获得负异常收益，并得到了比较一致的结论，为博彩型收益的存在性提供了经验证据。虽然国内部分研究涉及博彩型收益的成因解释，但它们并没有进行实质性的检验，而且这些解释几乎都是直接借用国外研究的非理性错误定价理论。譬如，徐小君（2010）实证发现博彩型股票取得较低的收益，并基于布鲁纳迈耶等（2007）、巴伯里和黄（2008）等理论认为投资者偏好博彩型股票，并给予这些股票过高的估价，从而导致这类股票随后只能获得较低的收益。郑振龙和孙清泉（2013）认为由于投资者存在诸如过度自信等行为偏差，会高估巨额回报的概率，从而追逐博彩型股票，最终导致投资者支付了较高的价格，并获得较低的收益。国内研究还没有对博彩型收益的成因进行系统性的检验。然而，在从行为金融学视角对博彩型收益进行解释之前，我们需要对博彩型收益的风险观解释进行检验。只有检验了模型误设这一可能解释，再使用行为金融学解释才是合适的。

一些国外学者已经对此进行了研究。例如，钟和格雷（2015）以 *MAX* 为识别指标，利用两阶段横截面回归（two-stage cross-sectional regressions，2SCSR）检验了博彩型股票获得负异常收益是否源于模型误设（风险观）。该研究利用 *MAX* 指标构建了博彩因子，并将该因子和 Fama – French 三因子共同构成了一个四因素定价模型，以检验博彩因子是否承担了相应的风险溢价。事实上，2SCSR 方法经常用于检验某一备选变量是否为定价因子。例如，科尔、瓜伊和韦尔迪（Core，Guay and Verdi，2008）就使用该方法检验了风险观能否解释"应计异象"，以及应计因子是否被定价。

关于中国股市博彩型收益的存在性解释，本章借鉴钟和格雷（2015）对博彩型收益异象，以及赫舒拉发等（Hirshleifer et al.，

2012）、杨开元等（2013）对其他异象的研究思路。首先构建了博彩因子，在区别博彩风险定价和博彩特征定价的基础上，利用2SCSR方法对博彩型收益的风险观解释进行检验。由于第3章已经证实*MAX*和*IS*是较好的博彩型股票识别指标，因此本章将分别基于这两个指标进行检验，以保证结果的稳健性。与已有研究不同，本章构建了适用于中国股市的博彩因子。根据前文的分析，*MAX*与*IV*、*Turn*具有较高的相关性（见表3-2）。为了避免*IV*、*Turn*对博彩因子的影响，本章构建了*IV*中性的*MAX*博彩因子和*Turn*中性的*MAX*博彩因子。另外，在稳健性检验中，鉴于*IS*与*EIS*的相关性较高（见表3-2），本章构建了*EIS*中性的*IS*博彩因子。

基于适用于中国股市的博彩因子，利用多因子检验模型和2SCSR方法，本章对博彩型收益的风险观解释进行了实证检验，弥补了国内研究对博彩型收益成因分析的不足。同时，本章的研究结果也将有助于加深研究者和实践者对博彩型收益成因的理解，以及对我国股票市场有效性的认识。

## 5.1 样本数据与变量

为避免涨跌停板制度的实施对研究结论的影响，以及由于识别指标的计算需要，本章使用的样本为1999年3月1日至2015年7月31日的沪深A股交易数据。由于ST、PT、复牌和首日上市股票的涨跌幅限制不同于正常交易的股票，因此本章剔除了样本期内这四类股票的观测值。另外，本章还剔除了每月交易次数不足15天的数据以及年交易月份不足6个月的股票数据，以保证识别指标估计的有效性。

本章涉及的变量包括股票的月收益率、最大日收益率（*MAX*）、特质偏度（*IS*）、特质波动率（*IV*）、换手率（*Turn*）、预期特质偏度（*EIS*）、Fama - French三因子（市场风险溢价*MKT*、规模因子*SMB*和账面市值比因子*HML*）、无风险收益率（$R_F$）、公司规模（*Size*）、账面市值比（*BM*）。其中，公司规模（*Size*）由个股各月的流通市值表示，其数值较大，故对*Size*取了以10为底的对数。账面市值比（*BM*）为个股各月的市净率的倒数。博彩型股票识别指标*MAX*、*IS*、*IV*、*Turn*和*EIS*的计算方法与前面一致。我国股市流通市值加权的Fama - French三因子数据以及无风险收益率数据来自锐思金融研究数据库（RESSET），其余变量计算所需的数据均来自国泰安CSMAR系列研究数据库。

## 5.2　研究方法与研究步骤

### 5.2.1　两阶段横截面回归（2SCSR）

本章使用的一个核心检验方法是两阶段横截面回归（two-stage cross-sectional regressions，2SCSR）。2SCSR方法常被用于检验某一备选变量是否为定价因子。它实际上是一种两步法：第一步需要用证券的时间序列数据估计各定价因子的*Beta*值；第二步，用第一步

得到的 *Beta* 值作为回归元，通过横截面回归（CSR）检验各因子是否承担了风险溢价。

可见，2SCSR 方法的第二步使用了估计的因子载荷而不是实际的因子载荷，也就是在资产定价模型的横截面检验中使用了估计的 *Beta* 值作为回归元。这实际是用代理变量代替不可观测的理论概念或潜变量。在回归模型中使用估计值就可能引入测量误差，导致金融中的变量误差（errors-in-variables，EIV）问题。如果不对此进行修正，那么 2SCSR 方法就会导致自变量存在测量误差，进而导致有偏的普通最小二乘（OLS）估计量和不一致的标准误。这是因为自变量的测量误差会表现在第二阶段的回归元和回归模型的误差项里，使回归元与误差项存在同期相关性。一旦测量误差引起了显著的估计偏差，就可能导致错误的推断。此外，当模型中存在多个回归元时，偏差的方向是无法预知的（Maddala and Rao，2008）。

对于 EIV 问题，目前已经有多种修正方法，以保证回归模型能够得到一致估计和一致标准误。其中，在金融领域中被广泛使用的一种方法是分组法。例如，布莱克、詹森和斯科尔斯（Black，Jensen and Scholes，1972），法马和麦克贝思（Fama and MacBeth，1973）、法马和弗伦奇（1992）等采用分组法对 EIV 问题进行修正。本章在使用 2SCSR 方法时，将借鉴法马和麦克贝思（1973）、法马和弗伦奇（1992）的分组修正法。

### 5.2.2 研究步骤

本章的研究思路是，首先构建恰当的博彩因子；然后将样本股票按博彩特征和控制变量进行分组，在控制 Fama - French 三因子（市场风险溢价 *MKT*、规模因子 *SMB*、账面市值比因子 *HML*）的基础上，加入博彩因子，以区别博彩风险定价和博彩特征定价；在此基础上，最后利用 2SCSR 方法对博彩型收益的风险观解释作进一步检验。本章先以 *MAX* 为例进行上述检验，然后将 *IS* 的相关分析作为稳健性检验。

本章的具体研究步骤如下：

第一步，构建 *IV* 中性的博彩因子 $MAXfactor_{IV}$①。按照 *MAX* 所表征的股票博彩特性强弱程度，将所有样本股票等分为 *N* 组，并计算第 1 个组合和第 *N* 个组合的收益差，即可得到博彩因子。这沿用了法马和弗伦奇（1993）的思路，也是构建备选定价因子的常用方法。不过，根据第 2 章的分析，*MAX* 与 *IV*、*Turn* 的相关性较高，相关系数分别为 0. 4567、0. 5033（详见表 3 - 2）。为了剔除其他变量对 *MAX* 博彩因子的影响，本章构建了中性的 *MAXfactor*。以 *IV* 中性的博彩因子 $MAXfactor_{IV}$为例，具体的构建方法如下：

（1）每月按 *MAX* 将所有样本股票排序，等分为 3 组。再单独按 *IV* 排序分组，等分为 2 组。如此，每个月都形成 6 个组合。

（2）估计这 6 个组合下个月的收益，组合收益为组合内所有股票的收益均值。

（3）计算基于 *MAX* 构建的 *IV* 中性博彩因子，$MAXfactor_{IV}$等于两个低 *MAX* 组合的平均收益与两个高 *MAX* 组合的平均收益之差。

---

① 在稳健性检验中，本章还构建了 *Turn* 中性的 $MAXfactor_{Turn}$ 和 *EIS* 中性的 $ISfactor_{EIS}$，并进行了与 $MAXfactor_{IV}$相同的检验。实证表明，无论使用何种博彩因子，都得到了相同的结论，这说明本章的检验结果具有稳健性。因为基于不同博彩因子的检验步骤相同，故此处仅以 *MAX* 指标为例进行说明。

第二步，对于整个样本检验期，进行组合的三因子和四因子回归分析。本章先后按不同的特征变量对样本进行分组，并计算各组合的平均超额收益作为回归的被解释变量。将 Fama - French 三因子回归分析结果作为基准，与包含 Fama - French 三因子和 $MAXfactor_{IV}$ 的四因子回归分析结果进行比较，以判断博彩因子对股票收益的解释力。如果在三因子的基础上，加入本文构建的博彩因子能够提高回归的调整 $R^2$，降低截距项的显著性，并且博彩因子的回归系数（即博彩因子载荷）是显著的，那么说明博彩因子对股票收益具有一定解释力。不过，鉴于博彩因子载荷与博彩特征之间具有一定相关性，这一解释力可能源于对博彩特征相关的风险控制，也可能源于博彩特征本身（Hirshleifer et al.，2012）。为了能够更清晰地体现博彩特征对组合收益的影响，本章分别进行了如下几种分组方式：

（1）每个月，将所有样本分别按规模（*Size*）和账面市值比（*BM*）各等分为5组，从而形成25个两两交叉组合。不过，这种分组方法没有控制股票组合的博彩特征，也可能导致组合之间没有足够的博彩特征的横截面差异。于是，我们又继续进行了其他几种组合分组方法。

（2）每个月，将所有样本按 *MAX* 等分为 10 组，并计算各组合月收益率。

（3）每个月，将所有样本按照规模（*Size*）等分为5组，再按 *MAX* 单独等分为5组，如此形成25个组合，并计算各组合的月收益率。

另外，本节还将所有样本按照账面市值比（*BM*）等分为5组，再按 *MAX* 单独等分为5组，如此形成25个组合，并计算各组合的月收益率。

（4）每个月，分别按照规模（*Size*）、账面市值比（*BM*）和*MAX*将所有样本独立等分为5组，从而形成125个组合，并计算各组合的收益率。

第三步，利用2SCSR方法检验博彩因子是否为定价因子。具体又分为以下几个步骤：

（1）构造组合。首先，利用个股时间序列数据，滚动估计各月的四因子系数（即四因子的载荷），如式（5-1）。然后，每月将所有股票按$MAXfactor_{IV}$的载荷大小等分为3组。同时，分别按股票规模（*Size*）、账面市值比（*BM*）和*MAX*各3等分。如此，每月均形成81个组合。

$$R_{q,t}-R_{F,t}=\alpha+\beta_{q,MKT}(R_{M,t}-R_{F,t})+\beta_{q,SMB}SMB_t+\beta_{q,HML}HML_t+\beta_{q,MAXfactor_{IV}}MAXfactor_{IV,t}+\varepsilon_{q,t} \quad (5-1)$$

其中，$R_{q,t}-R_{F,t}$是组合的超额收益；$R_{M,t}-R_{F,t}$、$SMB$、$HML$、$MAXfactor_{IV}$分别是市场风险溢酬、规模因子、账面市值比因子和博彩因子；$\beta_{q,MKT}$、$\beta_{q,SMB}$、$\beta_{q,HML}$、$\beta_{q,MAXfactor_{IV}}$分别是各因子的回归系数（即因子载荷）。

（2）计算各月的组合四因子系数。与估计个股四因子系数类似，每个月利用组合前24个月的组合收益对四因子进行时间序列回归，得到各月各组合的四因子系数。

（3）各月进行一次如式（5-2）的横截面回归，按照Fama-MacBeth的方法计算，将得到的系数估计量的时间序列进行简单平均，并进行系数均值显著性的统计检验。

$$\overline{R_{q,t}}-\overline{R_{F,t}}=\gamma_0+\gamma_1\beta_{q,MKT}+\gamma_2\beta_{q,SMB}+\gamma_3\beta_{q,HML}+\gamma_4\beta_{q,MAXfactor_{IV}}+u_q \quad (5-2)$$

其中，$\overline{R_{q,t}}$是组合 $q$ 在检验期的平均收益，$\overline{R_{F,t}}$是无风险利率的均值，那么$\overline{R_{q,t}} - \overline{R_{F,t}}$是组合 $q$ 的平均超额收益，$\gamma_1$、$\gamma_2$、$\gamma_3$、$\gamma_4$ 分别是各因子载荷的回归系数。本章特别关注的是 $\gamma_4$ 的显著性，如果 $\gamma_4$ 是显著的，则说明定价模型中遗漏了一个体现博彩特性的因子，而博彩型收益可能是由模型误设导致的。进一步将博彩型股票识别指标 *MAX* 本身加入模型之中。若此时发现识别指标项能够解释股票收益，同时博彩因子载荷不再能够解释股票收益，则说明博彩型收益不是由模型误设造成的，而可能是源于股票的错误定价。

## 5.3 实证分析

### 5.3.1 四因子描述性统计分析

表 5－1 和表 5－2 对四因子进行了描述性统计分析和相关性分析。由表 5－1 可知市场溢价 *MKT* 的均值为 0.0099，标准差为 0.0877，相比于其他三个因子，*MKT* 的波动最大。*SMB* 和 *HML* 的均值分别为 0.0079 和 0.0016，后者的 $t$ 值较小。本章的核心因子是 $MAXfactor_{IV}$，其均值为 0.0080，$t$ 值为 3.71，通过了显著性检验，说明构建的模拟博彩因子具有可行性。

表 5－2 则显示 $MAXfactor_{IV}$与其他三个因子的相关性较低，说明 $MAXfactor_{IV}$不能被其他因子所包含和解释。其中，$MAXfactor_{IV}$与 *MKT* 负相关，相关系数为－0.2749，再次验证第 4 章关于股票博彩特性

与市场走势相反的结论。$MAXfactor_{IV}$与 *SMB* 的相关系数为 0.0104，与 *HML* 的相关系数为 0.0431。

**表 5-1　　　　四因子的描述性统计分析**

| 变量 | 观测数 | 均值 | 标准差 | *t* 值 | 最小值 | 中位数 | 最大值 |
|---|---|---|---|---|---|---|---|
| *MKT* | 192 | 0.0099 | 0.0877 | 1.56 | -0.2685 | 0.0088 | 0.3629 |
| *SMB* | 192 | 0.0079 | 0.0429 | 2.55 | -0.1730 | 0.0092 | 0.1915 |
| *HML* | 192 | 0.0016 | 0.0332 | 0.67 | -0.1584 | 0.0028 | 0.1484 |
| $MAXfactor_{IV}$ | 192 | 0.0080 | 0.0300 | 3.71 | -0.0790 | 0.0064 | 0.1557 |

**表 5-2　　　　四因子的相关性分析**

| 变量 | *MKT* | *SMB* | *HML* | $MAXfactor_{IV}$ |
|---|---|---|---|---|
| *MKT* | 1 | | | |
| *SMB* | 0.1118 | 1 | | |
| *HML* | 0.0178 | -0.3521 | 1 | |
| $MAXfactor_{IV}$ | -0.2749 | 0.0104 | 0.0431 | 1 |

### 5.3.2　全样本期的多因子模型检验

这一部分是在整个检验期，对各组合进行多因子模型检验。首先，每个月分别按规模（*Size*）和账面市值比（*BM*）将所有样本股票 5 等分，共形成 25 个组合。在三因子模型和四因子模型的回归分析中，解释变量分别为月度三因子序列和四因子序列，被解释变量为各组合的月度超额收益率。通过对比加入$MAXfactor_{IV}$前后的三因子和四因子模型的回归拟合度、截距项的显著性，以及$MAXfactor_{IV}$

的显著性等方面来分析博彩因子对股票收益是否具有解释力，以初步判断定价模型中是否遗漏了博彩因子。

表 5 –3 是按 *Size* 和 *BM* 分组后的三因子模型检验结果，表 5 –4 是加入 $MAXfactor_{IV}$后的四因子模型检验结果。通过对比表 5 –3 和表 5 –4，可以发现截距项的显著性没有明显变化，*R* 方也没有表现出显著的改善。至于 $MAXfactor_{IV}$的显著性，由表 5 –4 可知在 25 个组合中，有 18 个 $MAXfactor_{IV}$系数的 *t* 值绝对值小于 2。考里亚等（Correa et al.，2008）在对应计因子进行检验时，也发现了类似的情况，即按 *Size* 和 *BM* 分组的回归结果显示，新加入的应计因子并不显著。该研究认为这是因为按照 *Size* 和 *BM* 划分所得到的组合没有产生足够的组合应计特征的横截面变化。因此，本章继续采用了其他几种组合划分方法，以充分考虑博彩特征的横截面变化。更重要的是，将组合按博彩特征分组，通过考察博彩因子系数随博彩特征的正负变化，可以区分出博彩因子对股票收益的解释力究竟源于博彩风险定价，还是源于博彩特征定价。

**表 5 –3　　　三因子模型检验结果（按 *Size* 和 *BM* 分组）**

| *Size* | *BM* | | | | | | | | | |
|---|---|---|---|---|---|---|---|---|---|---|
| | 1 | 2 | 3 | 4 | 5 | 1 | 2 | 3 | 4 | 5 |
| | 截距项 | | | | | *t* 值 | | | | |
| 1 | 0.037 | 0.014 | 0.001 | −0.010 | −0.017 | 11.007 | 6.932 | 0.377 | −6.159 | −8.871 |
| 2 | 0.029 | 0.009 | 0.000 | −0.010 | −0.016 | 8.886 | 4.237 | −0.070 | −5.571 | −9.341 |
| 3 | 0.028 | 0.007 | −0.005 | −0.010 | −0.017 | 9.640 | 3.124 | −2.197 | −4.957 | −9.317 |
| 4 | 0.023 | 0.003 | −0.005 | −0.012 | −0.020 | 6.705 | 1.004 | −2.298 | −6.222 | −10.034 |
| 5 | 0.022 | 0.002 | −0.006 | −0.007 | −0.012 | 8.314 | 0.818 | −2.862 | −3.974 | −6.318 |

续表

| Size | BM | | | | | | | | | |
|---|---|---|---|---|---|---|---|---|---|---|
| | 1 | 2 | 3 | 4 | 5 | 1 | 2 | 3 | 4 | 5 |
| | MKT | | | | | t 值 | | | | |
| 1 | 1.139 | 0.972 | 0.998 | 0.951 | 0.924 | 29.935 | 44.640 | 51.326 | 55.122 | 42.672 |
| 2 | 1.014 | 0.975 | 1.025 | 1.014 | 0.967 | 27.918 | 40.416 | 51.847 | 53.067 | 49.714 |
| 3 | 1.029 | 1.008 | 0.999 | 0.987 | 0.982 | 31.139 | 40.692 | 43.720 | 44.659 | 47.789 |
| 4 | 1.026 | 0.988 | 1.039 | 1.018 | 1.003 | 26.585 | 34.741 | 43.647 | 47.974 | 45.665 |
| 5 | 1.033 | 1.021 | 1.028 | 1.066 | 1.016 | 35.667 | 39.897 | 43.671 | 51.731 | 47.609 |
| | SMB | | | | | t 值 | | | | |
| 1 | 1.251 | 1.230 | 1.282 | 1.231 | 1.190 | 15.075 | 25.901 | 30.240 | 32.718 | 25.217 |
| 2 | 0.920 | 0.984 | 0.902 | 0.978 | 1.007 | 11.617 | 18.705 | 20.914 | 23.455 | 23.732 |
| 3 | 0.509 | 0.607 | 0.811 | 0.799 | 0.763 | 7.056 | 11.229 | 16.258 | 16.572 | 17.029 |
| 4 | 0.219 | 0.493 | 0.501 | 0.547 | 0.560 | 2.598 | 7.942 | 9.645 | 11.827 | 11.685 |
| 5 | -0.307 | -0.099 | -0.016 | 0.046 | -0.063 | -4.862 | -1.774 | -0.318 | 1.025 | -1.355 |
| | HML | | | | | t 值 | | | | |
| 1 | -0.574 | -0.099 | 0.098 | 0.201 | 0.298 | -5.379 | -1.621 | 1.805 | 4.162 | 4.908 |
| 2 | -0.424 | -0.186 | -0.046 | 0.144 | 0.415 | -4.160 | -2.753 | -0.833 | 2.685 | 7.611 |
| 3 | -0.851 | -0.408 | -0.063 | 0.180 | 0.436 | -9.185 | -5.871 | -0.979 | 2.900 | 7.567 |
| 4 | -0.913 | -0.253 | -0.056 | 0.201 | 0.487 | -8.432 | -3.173 | -0.836 | 3.385 | 7.913 |
| 5 | -0.890 | -0.297 | -0.051 | 0.251 | 0.495 | -10.950 | -4.143 | -0.768 | 4.348 | 8.261 |
| | 调整 $R^2$ | | | | | | | | | |
| 1 | 0.8785 | 0.9425 | 0.9555 | 0.9610 | 0.9361 | | | | | |
| 2 | 0.8503 | 0.9235 | 0.9487 | 0.9519 | 0.9468 | | | | | |
| 3 | 0.8664 | 0.9141 | 0.9275 | 0.9293 | 0.9370 | | | | | |
| 4 | 0.8139 | 0.8799 | 0.9188 | 0.9325 | 0.9271 | | | | | |
| 5 | 0.8770 | 0.8944 | 0.9104 | 0.9356 | 0.9264 | | | | | |

表 5-4　　四因子模型检验结果（按 *Size* 和 *BM* 分组）

| *Size* | *BM* | | | | | | | | | |
|---|---|---|---|---|---|---|---|---|---|---|
| | 1 | 2 | 3 | 4 | 5 | 1 | 2 | 3 | 4 | 5 |
| | 截距项 | | | | | *t* 值 | | | | |
| 1 | 0.038 | 0.014 | 0.000 | -0.011 | -0.019 | 10.879 | 6.710 | -0.022 | -6.610 | -9.607 |
| 2 | 0.028 | 0.009 | -0.001 | -0.011 | -0.018 | 8.281 | 3.977 | -0.386 | -6.210 | -9.880 |
| 3 | 0.029 | 0.008 | -0.005 | -0.010 | -0.018 | 9.273 | 3.555 | -2.244 | -5.069 | -9.893 |
| 4 | 0.024 | 0.004 | -0.005 | -0.012 | -0.021 | 6.824 | 1.510 | -2.300 | -6.012 | -10.230 |
| 5 | 0.024 | 0.003 | -0.005 | -0.008 | -0.014 | 8.947 | 1.325 | -2.495 | -4.090 | -7.039 |
| | *MKT* | | | | | *t* 值 | | | | |
| 1 | 1.127 | 0.971 | 1.006 | 0.963 | 0.943 | 28.435 | 42.664 | 49.779 | 54.112 | 42.826 |
| 2 | 1.025 | 0.978 | 1.032 | 1.029 | 0.982 | 27.067 | 38.780 | 50.127 | 52.602 | 49.274 |
| 3 | 1.028 | 0.994 | 1.003 | 0.994 | 0.999 | 29.776 | 38.783 | 42.003 | 43.178 | 47.480 |
| 4 | 1.011 | 0.972 | 1.042 | 1.019 | 1.015 | 25.187 | 33.034 | 41.877 | 45.952 | 44.636 |
| 5 | 1.009 | 1.006 | 1.022 | 1.072 | 1.035 | 34.077 | 38.017 | 41.623 | 49.906 | 47.531 |
| | *SMB* | | | | | *t* 值 | | | | |
| 1 | 1.256 | 1.231 | 1.278 | 1.226 | 1.181 | 15.115 | 25.793 | 30.164 | 32.861 | 25.562 |
| 2 | 0.915 | 0.983 | 0.899 | 0.970 | 1.000 | 11.527 | 18.599 | 20.814 | 23.639 | 23.905 |
| 3 | 0.509 | 0.614 | 0.809 | 0.795 | 0.755 | 7.027 | 11.414 | 16.158 | 16.474 | 17.120 |
| 4 | 0.226 | 0.501 | 0.500 | 0.547 | 0.554 | 2.683 | 8.115 | 9.579 | 11.761 | 11.616 |
| 5 | -0.296 | -0.092 | -0.013 | 0.043 | -0.072 | -4.758 | -1.656 | -0.255 | 0.958 | -1.580 |
| | *HML* | | | | | *t* 值 | | | | |
| 1 | -0.566 | -0.098 | 0.093 | 0.194 | 0.285 | -5.294 | -1.598 | 1.706 | 4.039 | 4.791 |
| 2 | -0.431 | -0.188 | -0.051 | 0.134 | 0.405 | -4.219 | -2.763 | -0.914 | 2.532 | 7.531 |
| 3 | -0.851 | -0.399 | -0.065 | 0.175 | 0.425 | -9.132 | -5.764 | -1.009 | 2.818 | 7.490 |
| 4 | -0.903 | -0.242 | -0.058 | 0.201 | 0.479 | -8.336 | -3.051 | -0.856 | 3.357 | 7.816 |
| 5 | -0.874 | -0.288 | -0.046 | 0.247 | 0.482 | -10.935 | -4.027 | -0.699 | 4.268 | 8.208 |

续表

| Size | BM | | | | | | | | | |
|---|---|---|---|---|---|---|---|---|---|---|
| | 1 | 2 | 3 | 4 | 5 | 1 | 2 | 3 | 4 | 5 |
| | $MAXfactor_{IV}$ | | | | | t 值 | | | | |
| 1 | -0.121 | -0.014 | 0.083 | 0.117 | 0.204 | -1.045 | -0.205 | 1.418 | 2.270 | 3.181 |
| 2 | 0.110 | 0.025 | 0.070 | 0.158 | 0.158 | 0.997 | 0.334 | 1.174 | 2.773 | 2.718 |
| 3 | -0.008 | -0.145 | 0.034 | 0.073 | 0.172 | -0.077 | -1.939 | 0.493 | 1.090 | 2.807 |
| 4 | -0.154 | -0.169 | 0.025 | 0.010 | 0.124 | -1.319 | -1.975 | 0.345 | 0.149 | 1.873 |
| 5 | -0.250 | -0.151 | -0.068 | 0.061 | 0.192 | -2.902 | -1.959 | -0.951 | 0.979 | 3.039 |
| | 调整 $R^2$ | | | | | | | | | |
| 1 | 0.8786 | 0.9422 | 0.9557 | 0.9619 | 0.9390 | | | | | |
| 2 | 0.8503 | 0.9231 | 0.9488 | 0.9536 | 0.9486 | | | | | |
| 3 | 0.8657 | 0.9153 | 0.9272 | 0.9294 | 0.9393 | | | | | |
| 4 | 0.8146 | 0.8817 | 0.9184 | 0.9321 | 0.9280 | | | | | |
| 5 | 0.8817 | 0.8960 | 0.9104 | 0.9355 | 0.9295 | | | | | |

表 5-5 列示了将所有样本按 *MAX* 等分为 10 组后的三因子和四因子模型检验结果。其中，组合 1 是 *MAX* 值最小的股票组合，组合 10 是 *MAX* 值最大的股票组合，组合 2 至组合 9 介于两者之间，按照 *MAX* 由小到大排序。

**表 5-5　　多因子模型检验结果（按 *MAX* 分组）**

| 因子及其估计值 | 组合 1 | | | | 组合 6 | | | |
|---|---|---|---|---|---|---|---|---|
| | 未加入 $MAXfactor_{IV}$ | | 加入 $MAXfactor_{IV}$ | | 未加入 $MAXfactor_{IV}$ | | 加入 $MAXfactor_{IV}$ | |
| | 估计值 | t 值 | 估计值 | t 值 | 估计值 | t 值 | 估计值 | t 值 |
| 截距项 | 0.0039 | 2.05 | -0.0013 | -0.89 | 0.0020 | 1.37 | 0.0020 | 1.31 |
| *MKT* | 0.8832 | 40.97 | 0.9439 | 58.79 | 1.0306 | 63.69 | 1.0307 | 60.95 |

续表

| 因子及其估计值 | 组合 1 | | | | 组合 6 | | | |
|---|---|---|---|---|---|---|---|---|
| | 未加入 $MAXfactor_{IV}$ | | 加入 $MAXfactor_{IV}$ | | 未加入 $MAXfactor_{IV}$ | | 加入 $MAXfactor_{IV}$ | |
| | 估计值 | t 值 | 估计值 | t 值 | 估计值 | t 值 | 估计值 | t 值 |
| *SMB* | 0.5350 | 11.38 | 0.5055 | 15.01 | 0.6708 | 19.00 | 0.6707 | 18.91 |
| *HML* | -0.0152 | -0.25 | -0.0559 | -1.29 | -0.0662 | -1.46 | -0.0663 | -1.45 |
| $MAXfactor_{IV}$ | | | 0.6265 | 13.42 | | | 0.0009 | 0.02 |
| 调整 $R^2$ | 0.9120 | | 0.9551 | | 0.9623 | | 0.9621 | |
| 因子及其估计值 | 组合 2 | | | | 组合 7 | | | |
| | 估计值 | t 值 | 估计值 | t 值 | 估计值 | t 值 | 估计值 | t 值 |
| 截距项 | 0.0053 | 3.25 | 0.0015 | 1.08 | 0.0005 | 0.32 | 0.0019 | 1.22 |
| *MKT* | 0.9398 | 50.95 | 0.9852 | 64.63 | 1.0277 | 59.84 | 1.0115 | 57.99 |
| *SMB* | 0.6825 | 16.96 | 0.6605 | 20.66 | 0.6655 | 17.77 | 0.6734 | 18.41 |
| *HML* | -0.0014 | -0.03 | -0.0317 | -0.77 | -0.0873 | -1.81 | -0.0764 | -1.62 |
| $MAXfactor_{IV}$ | | | 0.4678 | 10.56 | | | -0.1676 | -3.30 |
| 调整 $R^2$ | 0.9436 | | 0.9646 | | 0.9576 | | 0.9597 | |
| 因子及其估计值 | 组合 3 | | | | 组合 8 | | | |
| | 估计值 | t 值 | 估计值 | t 值 | 估计值 | t 值 | 估计值 | t 值 |
| 截距项 | 0.0046 | 2.79 | 0.0006 | 0.45 | -0.0009 | -0.55 | 0.0019 | 1.29 |
| *MKT* | 0.9932 | 53.83 | 1.0397 | 69.31 | 1.0620 | 58.45 | 1.0290 | 60.79 |
| *SMB* | 0.7401 | 18.39 | 0.7175 | 22.81 | 0.6030 | 15.22 | 0.6190 | 17.44 |
| *HML* | 0.0581 | 1.12 | 0.0269 | 0.66 | -0.2064 | -4.05 | -0.1842 | -4.03 |
| $MAXfactor_{IV}$ | | | 0.4803 | 11.01 | | | -0.3410 | -6.93 |
| 调整 $R^2$ | 0.9494 | | 0.9692 | | 0.9548 | | 0.9639 | |
| 因子及其估计值 | 组合 4 | | | | 组合 9 | | | |
| | 估计值 | t 值 | 估计值 | t 值 | 估计值 | t 值 | 估计值 | t 值 |
| 截距项 | 0.0058 | 3.94 | 0.0033 | 2.42 | -0.0041 | -2.20 | 0.0003 | 0.17 |
| *MKT* | 1.0221 | 62.16 | 1.0506 | 67.76 | 1.0514 | 50.03 | 1.0001 | 57.32 |

续表

| 因子及其估计值 | 组合 4 | | | | 组合 9 | | | |
|---|---|---|---|---|---|---|---|---|
| | 未加入 $MAXfactor_{IV}$ | | 加入 $MAXfactor_{IV}$ | | 未加入 $MAXfactor_{IV}$ | | 加入 $MAXfactor_{IV}$ | |
| | 估计值 | $t$ 值 | 估计值 | $t$ 值 | 估计值 | $t$ 值 | 估计值 | $t$ 值 |
| *SMB* | 0. 6667 | 18. 59 | 0. 6529 | 20. 08 | 0. 6592 | 14. 38 | 0. 6841 | 18. 70 |
| *HML* | -0. 0858 | -1. 86 | -0. 1048 | -2. 51 | -0. 1648 | -2. 80 | -0. 1305 | -2. 77 |
| $MAXfactor_{IV}$ | | | 0. 2938 | 6. 52 | | | -0. 5288 | -10. 42 |
| 调整 $R^2$ | 0. 9606 | | 0. 9678 | | 0. 9403 | | 0. 9621 | |
| 因子及其估计值 | 组合 5 | | | | 组合 10 | | | |
| | 估计值 | $t$ 值 | 估计值 | $t$ 值 | 估计值 | $t$ 值 | 估计值 | $t$ 值 |
| 截距项 | 0. 0031 | 2. 15 | 0. 0024 | 1. 58 | -0. 0096 | -4. 03 | -0. 0031 | -1. 77 |
| *MKT* | 1. 0168 | 62. 44 | 1. 0257 | 60. 84 | 1. 0543 | 39. 51 | 0. 9791 | 49. 25 |
| *SMB* | 0. 6623 | 18. 64 | 0. 6580 | 18. 61 | 0. 5789 | 9. 95 | 0. 6154 | 14. 76 |
| *HML* | -0. 0592 | -1. 30 | -0. 0652 | -1. 43 | -0. 1638 | -2. 19 | -0. 1135 | -2. 12 |
| $MAXfactor_{IV}$ | | | 0. 0921 | 1. 88 | | | -0. 7752 | -13. 41 |
| 调整 $R^2$ | 0. 9609 | | 0. 9614 | | 0. 9052 | | 0. 9516 | |

观察表 5-5 可以发现，在加入 $MAXfactor_{IV}$ 之后，各个组合的拟合度得到了不同程度的提高。组合 1 至组合 3、组合 8 至组合 10 的 $R^2$ 值有较大幅度的提高，而中间四个组合的 $R^2$ 值也有少许改善。其中，组合 1 和组合 10 的 $R^2$ 值提高幅度最大。这也验证了第 3 章涉及的博彩特征可能呈现非线性变化的特点。组合 1 在未加入 $MAXfactor_{IV}$ 的三因子模型回归中，其 $R^2$ 值为 0. 9120，在加入 $MAXfactor_{IV}$ 的四因子模型回归中，其 $R^2$ 值提高至 0. 9551，提高了 4. 73%。组合 10 在未加入 $MAXfactor_{IV}$ 的三因子模型回归中，其 $R^2$ 值为 0. 9052，在加入 $MAXfactor_{IV}$ 的四因子模型回归中，其 $R^2$ 值提高至 0. 9516，

提高了 5.13%。$MAXfactor_{IV}$的加入使各组合的模型拟合度均达到 0.95 以上，说明模型中的因子很好地解释了大部分的股票收益。

至于截距项的显著性，各组合也有不同表现。（1）相比于三因子模型检验结果，几乎所有组合在加入 $MAXfactor_{IV}$之后的截距项显著性都明显下降。（2）截距项显著性的变化与 $R^2$ 值的变化有相似的规律。即两端组合的截距项显著性变化更大，而中间组合的截距项显著性变化相对较小。例如，组合 10 的三因子回归截距项的 $t$ 值为 -4.03，而加入 $MAXfactor_{IV}$之后的截距项 $t$ 值的绝对值大幅下降，$t$ 值变为 -1.77，显著性明显降低。组合 6 在加入 $MAXfactor_{IV}$前后的截距项 $t$ 值分别为 1.37、1.31，变化不大。

绝大部分 $MAXfactor_{IV}$系数变得十分显著。与表 5-4 相比，此处 $MAXfactor_{IV}$的 10 个系数 $t$ 值绝对值中的 8 个都远远大于 2。另外，我们也可以发现 $MAXfactor_{IV}$系数 $t$ 值的一些变化规律：（1）两端组合的 $MAXfactor_{IV}$系数 $t$ 值绝对值更大，中间组合的 $MAXfactor$ 系数 $t$ 值绝对值较小，甚至不显著，呈现 U 型变化趋势。例如，组合 1 的博彩因子系数 $t$ 值为 13.42，组合 2 的博彩因子系数 $t$ 值为 10.56，十分显著。组合 10 的博彩因子系数 $t$ 值为 -13.41，组合 9 的博彩因子系数 $t$ 值为 -10.42，它们的绝对值分别与组合 1、组合 2 很接近。至于中间组合，如组合 5、组合 6 的博彩因子系数 $t$ 值分别为 1.88、0.02，并不显著。（2）$MAXfactor_{IV}$系数及其 $t$ 值随着 $MAX$ 的增加而呈现出明显的由正变负的趋势。这说明博彩因子载荷与博彩特征有一定相关性，间接说明 $MAXfactor_{IV}$对股票收益的解释力可能源于博彩特征，或者 $MAXfactor_{IV}$未能充分控制住博彩特征对股票收益的影响（Hirshleifer et al.，2012；杨开元等，2013）。

为了在控制博彩特征的同时，还能够剔除公司间差异对回归造成的影响，本章进一步采取了另外三种分组方法。首先是将样本按 *Size* 等分为 5 组，再按 *MAX* 独立分为 5 组，从而形成 25 个组合。它们的三因子和四因子模型检验结果分别如表 5－6 和表 5－7 所示。通过对比表 5－6 和表 5－7 可知：

**表 5－6　　三因子模型检验结果（按 *Size* 和 *MAX* 分组）**

| *Size* | *MAX* | | | | | | | | | |
|---|---|---|---|---|---|---|---|---|---|---|
| | 1 | 2 | 3 | 4 | 5 | 1 | 2 | 3 | 4 | 5 |
| | 截距项 | | | | | *t* 值 | | | | |
| 1 | 0.011 | 0.011 | 0.007 | 0.001 | －0.005 | 5.178 | 6.198 | 3.632 | 0.301 | －1.821 |
| 2 | 0.006 | 0.007 | 0.003 | －0.002 | －0.010 | 2.818 | 3.566 | 1.812 | －1.102 | －4.273 |
| 3 | 0.002 | 0.003 | 0.000 | 0.002 | －0.009 | 1.114 | 1.786 | 0.009 | 0.701 | －3.585 |
| 4 | 0.003 | 0.003 | 0.000 | －0.002 | －0.008 | 1.494 | 1.501 | －0.087 | －1.179 | －2.786 |
| 5 | 0.005 | 0.003 | 0.003 | 0.002 | －0.003 | 2.596 | 1.363 | 1.497 | 1.101 | －1.076 |
| | *MKT* | | | | | *t* 值 | | | | |
| 1 | 0.966 | 0.995 | 0.972 | 0.990 | 1.029 | 39.719 | 50.173 | 46.776 | 49.545 | 34.199 |
| 2 | 0.920 | 1.023 | 0.993 | 1.020 | 0.994 | 41.422 | 47.728 | 50.870 | 52.682 | 36.567 |
| 3 | 0.914 | 0.985 | 1.034 | 1.051 | 1.003 | 40.760 | 46.409 | 51.371 | 44.135 | 34.769 |
| 4 | 0.910 | 1.033 | 1.060 | 1.060 | 1.025 | 38.968 | 46.358 | 47.237 | 45.998 | 30.903 |
| 5 | 0.915 | 1.046 | 1.051 | 1.083 | 1.117 | 39.691 | 47.930 | 52.631 | 45.191 | 37.388 |
| | *SMB* | | | | | *t* 值 | | | | |
| 1 | 1.167 | 1.249 | 1.279 | 1.298 | 1.303 | 22.015 | 28.867 | 28.227 | 29.764 | 19.857 |
| 2 | 0.859 | 1.008 | 0.913 | 1.040 | 1.088 | 17.727 | 21.554 | 21.446 | 24.625 | 18.341 |
| 3 | 0.706 | 0.755 | 0.773 | 0.584 | 0.762 | 14.433 | 16.298 | 17.601 | 11.254 | 12.118 |
| 4 | 0.402 | 0.420 | 0.410 | 0.500 | 0.472 | 7.884 | 8.643 | 8.366 | 9.939 | 6.519 |
| 5 | －0.100 | －0.115 | －0.115 | －0.202 | －0.218 | －1.992 | －2.410 | －2.649 | －3.859 | －3.347 |

续表

| Size | MAX | | | | | | | | | |
|---|---|---|---|---|---|---|---|---|---|---|
| | 1 | 2 | 3 | 4 | 5 | 1 | 2 | 3 | 4 | 5 |
| | HML | | | | | t 值 | | | | |
| 1 | -0.025 | 0.030 | 0.065 | -0.021 | -0.195 | -0.373 | 0.535 | 1.112 | -0.370 | -2.313 |
| 2 | 0.120 | 0.103 | -0.073 | -0.046 | -0.082 | 1.921 | 1.713 | -1.327 | -0.847 | -1.075 |
| 3 | -0.036 | -0.036 | -0.041 | -0.346 | -0.097 | -0.567 | -0.600 | -0.717 | -5.175 | -1.203 |
| 4 | -0.087 | -0.153 | -0.222 | -0.102 | -0.134 | -1.331 | -2.446 | -3.526 | -1.573 | -1.442 |
| 5 | -0.231 | -0.147 | -0.079 | -0.181 | -0.172 | -3.568 | -2.404 | -1.418 | -2.688 | -2.058 |
| | 调整 $R^2$ | | | | | | | | | |
| 1 | 0.9261 | 0.9531 | 0.9477 | 0.9534 | 0.9068 | | | | | |
| 2 | 0.9226 | 0.9419 | 0.9478 | 0.9530 | 0.9102 | | | | | |
| 3 | 0.9162 | 0.9339 | 0.9451 | 0.9241 | 0.8883 | | | | | |
| 4 | 0.8993 | 0.9262 | 0.9287 | 0.9262 | 0.8497 | | | | | |
| 5 | 0.8931 | 0.9240 | 0.9361 | 0.9149 | 0.8803 | | | | | |

**表 5-7　　四因子模型检验结果（按 *Size* 和 *MAX* 分组）**

| Size | MAX | | | | | | | | | |
|---|---|---|---|---|---|---|---|---|---|---|
| | 1 | 2 | 3 | 4 | 5 | 1 | 2 | 3 | 4 | 5 |
| | 截距项 | | | | | t 值 | | | | |
| 1 | 0.008 | 0.008 | 0.007 | 0.002 | -0.001 | 3.774 | 4.813 | 3.380 | 1.149 | -0.265 |
| 2 | 0.001 | 0.003 | 0.003 | -0.001 | -0.007 | 0.690 | 1.886 | 1.602 | -0.405 | -2.922 |
| 3 | -0.001 | 0.001 | 0.000 | 0.003 | -0.005 | -0.657 | 0.523 | -0.199 | 1.430 | -2.165 |
| 4 | -0.002 | 0.000 | -0.001 | 0.000 | -0.002 | -0.872 | -0.024 | -0.222 | -0.212 | -0.644 |
| 5 | 0.000 | -0.001 | 0.002 | 0.006 | 0.003 | 0.182 | -0.288 | 0.915 | 2.680 | 1.251 |

续表

| Size | MAX | | | | | | | | | |
|---|---|---|---|---|---|---|---|---|---|---|
| | 1 | 2 | 3 | 4 | 5 | 1 | 2 | 3 | 4 | 5 |
| | *MKT* | | | | | *t* 值 | | | | |
| 1 | 1.006 | 1.030 | 0.974 | 0.972 | 0.980 | 43.506 | 55.252 | 44.891 | 47.764 | 34.108 |
| 2 | 0.971 | 1.064 | 0.996 | 1.006 | 0.953 | 51.281 | 54.004 | 48.855 | 50.535 | 36.204 |
| 3 | 0.954 | 1.013 | 1.038 | 1.032 | 0.957 | 45.520 | 48.374 | 49.436 | 42.304 | 34.511 |
| 4 | 0.964 | 1.068 | 1.064 | 1.037 | 0.948 | 48.456 | 49.928 | 45.377 | 44.467 | 33.565 |
| 5 | 0.974 | 1.083 | 1.063 | 1.046 | 1.050 | 52.290 | 52.425 | 51.444 | 45.217 | 40.546 |
| | *SMB* | | | | | *t* 值 | | | | |
| 1 | 1.148 | 1.232 | 1.278 | 1.306 | 1.327 | 23.666 | 31.511 | 28.078 | 30.599 | 22.025 |
| 2 | 0.834 | 0.988 | 0.912 | 1.046 | 1.108 | 20.985 | 23.906 | 21.325 | 25.065 | 20.060 |
| 3 | 0.686 | 0.741 | 0.770 | 0.594 | 0.784 | 15.612 | 16.868 | 17.494 | 11.602 | 13.478 |
| 4 | 0.375 | 0.403 | 0.408 | 0.511 | 0.509 | 8.991 | 8.979 | 8.298 | 10.446 | 8.597 |
| 5 | -0.129 | -0.133 | -0.121 | -0.184 | -0.186 | -3.295 | -3.064 | -2.793 | -3.789 | -3.417 |
| | *HML* | | | | | *t* 值 | | | | |
| 1 | -0.053 | 0.007 | 0.063 | -0.009 | -0.162 | -0.841 | 0.128 | 1.079 | -0.158 | -2.094 |
| 2 | 0.085 | 0.076 | -0.075 | -0.037 | -0.055 | 1.666 | 1.422 | -1.357 | -0.683 | -0.767 |
| 3 | -0.063 | -0.055 | -0.043 | -0.333 | -0.067 | -1.107 | -0.965 | -0.766 | -5.060 | -0.895 |
| 4 | -0.124 | -0.177 | -0.224 | -0.086 | -0.083 | -2.301 | -3.058 | -3.546 | -1.370 | -1.082 |
| 5 | -0.270 | -0.172 | -0.087 | -0.156 | -0.128 | -5.375 | -3.086 | -1.563 | -2.499 | -1.826 |
| | $MAXfactor_{IV}$ | | | | | *t* 值 | | | | |
| 1 | 0.417 | 0.359 | 0.025 | -0.186 | -0.507 | 6.205 | 6.630 | 0.396 | -3.137 | -6.067 |
| 2 | 0.532 | 0.423 | 0.030 | -0.143 | -0.424 | 9.653 | 7.377 | 0.509 | -2.466 | -5.536 |
| 3 | 0.415 | 0.290 | 0.045 | -0.194 | -0.467 | 6.814 | 4.757 | 0.735 | -2.738 | -5.787 |
| 4 | 0.560 | 0.364 | 0.035 | -0.239 | -0.797 | 9.681 | 5.857 | 0.511 | -3.521 | -9.710 |
| 5 | 0.606 | 0.383 | 0.119 | -0.380 | -0.691 | 11.194 | 6.375 | 1.974 | -5.652 | -9.185 |

续表

| Size | MAX | | | | | | | | | |
|---|---|---|---|---|---|---|---|---|---|---|
| | 1 | 2 | 3 | 4 | 5 | | | | | |
| 调整 $R^2$ | | | | | | | | | | |
| 1 | 0.9385 | 0.9619 | 0.9475 | 0.9555 | 0.9218 | | | | | |
| 2 | 0.9481 | 0.9548 | 0.9476 | 0.9542 | 0.9225 | | | | | |
| 3 | 0.9326 | 0.9408 | 0.9449 | 0.9267 | 0.9048 | | | | | |
| 4 | 0.9326 | 0.9374 | 0.9284 | 0.9305 | 0.8997 | | | | | |
| 5 | 0.9358 | 0.9373 | 0.9371 | 0.9270 | 0.9172 | | | | | |

（1）截距项显著性有所降低。在加入 $MAXfactor_{IV}$ 之后，截距项显著性降低，25 个截距项 $t$ 值绝对值中有 19 个均有所下降。在未加入 $MAXfactor_{IV}$ 之前的三因子模型检验结果中，25 个截距项 $t$ 值绝对值中有 16 个小于 2。在加入 $MAXfactor_{IV}$ 之后的四因子模型检验结果中，25 个截距项 $t$ 值绝对值中有 19 个小于 2。有趣的是，在控制住 *MAX* 后，截距项 $t$ 值的变化量并不随 *Size* 的变化而规则地变化。不过，在控制住 *Size* 后，截距项 $t$ 值的变化量随 *MAX* 的变化而先变小后变大。这说明博彩因子的加入对两端组合收益的解释力更强。

（2）拟合度有所提高。在加入 $MAXfactor_{IV}$ 之后，25 个 $R^2$ 值中有 21 个得到了提高。与截距项 $t$ 值的变化类似，在控制住 *MAX* 后，$R^2$ 值的改善程度并不随 *Size* 的变化而规则地变化。不过，在控制住 *Size* 后，$R^2$ 值的改善程度随 *MAX* 的变化而先变小后变大。这说明博彩因子的加入对两端组合收益的拟合改善程度更高。

（3）表 5－7 还显示出大部分 $MAXfactor_{IV}$ 系数比较显著。在加入 $MAXfactor_{IV}$ 之后的四因子检验结果中，25 个 $MAXfactor_{IV}$ 系数中的 20

个系数均十分显著。另外，可以发现在相同的所有 *MAX* 组合中，$MAXfactor_{IV}$系数并不随 *Size* 单调变化。不过，在相同的所有 *Size* 组合中，$MAXfactor_{IV}$系数明显地随 *MAX* 的增大而由正变负。这再次说明博彩因子载荷与博彩特征有一定相关性，$MAXfactor_{IV}$对股票收益的解释力可能源于博彩特征，或者 $MAXfactor_{IV}$未能充分控制住博彩特征对股票收益的影响。

考虑到 *BM* 对回归结果的可能影响，本章将样本按 *BM* 分为5组，再按 *MAX* 分为5组，从而形成25个组合。各组合的三因子和四因子模型检验结果分别如表5－8和表5－9所示。对比表5－8和表5－9可以发现与表5－6和表5－7相同的规律：

**表5－8　　三因子模型检验结果（按 *BM* 和 *MAX* 分组）**

| *BM* | *MAX* | | | | | | | | | |
|---|---|---|---|---|---|---|---|---|---|---|
| | 1 | 2 | 3 | 4 | 5 | 1 | 2 | 3 | 4 | 5 |
| | 截距项 | | | | | *t* 值 | | | | |
| 1 | 0.032 | 0.031 | 0.031 | 0.028 | 0.020 | 8.985 | 9.704 | 11.328 | 9.566 | 6.512 |
| 2 | 0.015 | 0.013 | 0.013 | 0.007 | −0.005 | 5.307 | 6.346 | 6.343 | 3.074 | −1.937 |
| 3 | 0.005 | 0.007 | 0.000 | −0.006 | −0.019 | 2.380 | 3.828 | 0.112 | −3.086 | −7.828 |
| 4 | −0.001 | −0.002 | −0.009 | −0.016 | −0.026 | −0.562 | −0.865 | −5.508 | −8.544 | −12.261 |
| 5 | −0.008 | −0.012 | −0.019 | −0.024 | −0.039 | −4.094 | −6.731 | −10.095 | −11.478 | −13.684 |
| | *MKT* | | | | | *t* 值 | | | | |
| 1 | 0.905 | 1.032 | 1.042 | 1.099 | 1.139 | 22.803 | 28.972 | 34.280 | 33.837 | 33.084 |
| 2 | 0.920 | 0.982 | 1.032 | 1.032 | 0.994 | 28.584 | 41.398 | 44.149 | 43.832 | 34.845 |
| 3 | 0.923 | 1.036 | 1.049 | 1.039 | 1.010 | 43.083 | 50.135 | 50.744 | 50.263 | 36.282 |

续表

| BM | MAX | | | | | | | | | |
|---|---|---|---|---|---|---|---|---|---|---|
| | 1 | 2 | 3 | 4 | 5 | 1 | 2 | 3 | 4 | 5 |
| | MKT | | | | | t 值 | | | | |
| 4 | 0. 934 | 1. 033 | 1. 007 | 1. 024 | 0. 998 | 45. 394 | 52. 728 | 52. 966 | 49. 970 | 41. 266 |
| 5 | 0. 934 | 0. 980 | 0. 996 | 0. 970 | 0. 970 | 41. 669 | 48. 578 | 47. 240 | 42. 302 | 30. 475 |
| | SMB | | | | | t 值 | | | | |
| 1 | 0. 284 | 0. 575 | 0. 363 | 0. 352 | 0. 400 | 3. 284 | 7. 403 | 5. 479 | 4. 971 | 5. 333 |
| 2 | 0. 648 | 0. 669 | 0. 644 | 0. 645 | 0. 709 | 9. 230 | 12. 926 | 12. 622 | 12. 552 | 11. 385 |
| 3 | 0. 736 | 0. 741 | 0. 774 | 0. 739 | 0. 745 | 15. 752 | 16. 436 | 17. 162 | 16. 382 | 12. 272 |
| 4 | 0. 703 | 0. 783 | 0. 778 | 0. 786 | 0. 742 | 15. 660 | 18. 315 | 18. 754 | 17. 588 | 14. 063 |
| 5 | 0. 648 | 0. 716 | 0. 710 | 0. 698 | 0. 675 | 13. 256 | 16. 269 | 15. 447 | 13. 954 | 9. 728 |
| | HML | | | | | t 值 | | | | |
| 1 | -0. 931 | -0. 722 | -0. 779 | -0. 856 | -0. 782 | -8. 362 | -7. 229 | -9. 135 | -9. 402 | -8. 097 |
| 2 | -0. 237 | -0. 179 | -0. 257 | -0. 383 | -0. 149 | -2. 624 | -2. 691 | -3. 916 | -5. 794 | -1. 855 |
| 3 | -0. 036 | -0. 092 | -0. 004 | -0. 065 | 0. 033 | -0. 590 | -1. 582 | -0. 070 | -1. 121 | 0. 426 |
| 4 | 0. 190 | 0. 148 | 0. 126 | 0. 278 | 0. 356 | 3. 283 | 2. 690 | 2. 362 | 4. 839 | 5. 255 |
| 5 | 0. 441 | 0. 491 | 0. 522 | 0. 603 | 0. 679 | 7. 016 | 8. 681 | 8. 821 | 9. 378 | 7. 601 |
| | 调整 $R^2$ | | | | | | | | | |
| 1 | 0. 7742 | 0. 8481 | 0. 8802 | 0. 8772 | 0. 8712 | | | | | |
| 2 | 0. 8423 | 0. 9169 | 0. 9252 | 0. 9253 | 0. 8873 | | | | | |
| 3 | 0. 9250 | 0. 9420 | 0. 9434 | 0. 9421 | 0. 8947 | | | | | |
| 4 | 0. 9300 | 0. 9474 | 0. 9481 | 0. 9418 | 0. 9162 | | | | | |
| 5 | 0. 9167 | 0. 9382 | 0. 9346 | 0. 9203 | 0. 8569 | | | | | |

**表 5－9　　　四因子模型检验结果（按 *BM* 和 *MAX* 分组）**

| *BM* | *MAX* | | | | | | | | | |
|---|---|---|---|---|---|---|---|---|---|---|
| | 1 | 2 | 3 | 4 | 5 | 1 | 2 | 3 | 4 | 5 |
| | 截距项 | | | | | *t* 值 | | | | |
| 1 | 0.027 | 0.026 | 0.031 | 0.029 | 0.026 | 7.806 | 8.546 | 10.875 | 9.857 | 9.681 |
| 2 | 0.010 | 0.011 | 0.014 | 0.010 | 0.000 | 3.711 | 5.112 | 6.242 | 4.668 | －0.171 |
| 3 | 0.001 | 0.004 | 0.000 | －0.004 | －0.015 | 0.616 | 2.269 | －0.187 | －2.311 | －6.540 |
| 4 | －0.005 | －0.004 | －0.010 | －0.014 | －0.023 | －2.700 | －2.545 | －5.699 | －7.604 | －11.202 |
| 5 | －0.012 | －0.014 | －0.021 | －0.023 | －0.036 | －6.947 | －8.129 | －10.763 | －10.666 | －12.626 |
| | *MKT* | | | | | *t* 值 | | | | |
| 1 | 0.964 | 1.088 | 1.042 | 1.079 | 1.065 | 25.049 | 31.705 | 32.799 | 32.168 | 34.919 |
| 2 | 0.987 | 1.016 | 1.029 | 0.997 | 0.942 | 34.292 | 43.796 | 42.126 | 43.656 | 35.573 |
| 3 | 0.964 | 1.073 | 1.055 | 1.024 | 0.959 | 48.743 | 55.382 | 49.015 | 48.228 | 37.170 |
| 4 | 0.975 | 1.065 | 1.015 | 1.008 | 0.961 | 51.981 | 56.864 | 51.354 | 48.044 | 41.149 |
| 5 | 0.982 | 1.007 | 1.015 | 0.960 | 0.942 | 49.410 | 50.550 | 47.195 | 40.303 | 29.035 |
| | *SMB* | | | | | *t* 值 | | | | |
| 1 | 0.256 | 0.548 | 0.363 | 0.362 | 0.436 | 3.164 | 7.620 | 5.453 | 5.141 | 6.810 |
| 2 | 0.615 | 0.653 | 0.646 | 0.662 | 0.734 | 10.198 | 13.414 | 12.607 | 13.819 | 13.227 |
| 3 | 0.717 | 0.723 | 0.771 | 0.747 | 0.771 | 17.284 | 17.798 | 17.062 | 16.765 | 14.248 |
| 4 | 0.683 | 0.768 | 0.774 | 0.795 | 0.760 | 17.375 | 19.535 | 18.672 | 18.066 | 15.516 |
| 5 | 0.625 | 0.703 | 0.701 | 0.703 | 0.689 | 14.998 | 16.833 | 15.556 | 14.079 | 10.134 |
| | *HML* | | | | | *t* 值 | | | | |
| 1 | －0.971 | －0.760 | －0.779 | －0.843 | －0.733 | －9.345 | －8.206 | －9.088 | －9.316 | －8.900 |
| 2 | －0.282 | －0.202 | －0.254 | －0.359 | －0.113 | －3.628 | －3.221 | －3.861 | －5.829 | －1.584 |
| 3 | －0.063 | －0.116 | －0.009 | －0.055 | 0.068 | －1.173 | －2.225 | －0.146 | －0.954 | 0.977 |
| 4 | 0.162 | 0.127 | 0.121 | 0.290 | 0.381 | 3.210 | 2.504 | 2.263 | 5.117 | 6.054 |
| 5 | 0.409 | 0.474 | 0.509 | 0.610 | 0.698 | 7.634 | 8.812 | 8.780 | 9.499 | 7.975 |

续表

| BM | MAX | | | | | | | | | |
|---|---|---|---|---|---|---|---|---|---|---|
| | 1 | 2 | 3 | 4 | 5 | 1 | 2 | 3 | 4 | 5 |
| | $MAXfactor_{IV}$ | | | | | t 值 | | | | |
| 1 | 0.612 | 0.573 | -0.001 | -0.204 | -0.755 | 5.468 | 5.748 | -0.012 | -2.089 | -8.511 |
| 2 | 0.690 | 0.347 | -0.039 | -0.364 | -0.545 | 8.251 | 5.150 | -0.547 | -5.477 | -7.080 |
| 3 | 0.417 | 0.379 | 0.068 | -0.160 | -0.535 | 7.256 | 6.723 | 1.083 | -2.592 | -7.132 |
| 4 | 0.418 | 0.328 | 0.081 | -0.173 | -0.383 | 7.661 | 6.028 | 1.414 | -2.844 | -5.649 |
| 5 | 0.492 | 0.275 | 0.192 | -0.108 | -0.294 | 8.517 | 4.742 | 3.064 | -1.556 | -3.115 |
| | 调整 $R^2$ | | | | | | | | | |
| 1 | 0.8044 | 0.8704 | 0.8796 | 0.8794 | 0.9068 | | | | | |
| 2 | 0.8840 | 0.9268 | 0.9249 | 0.9353 | 0.9108 | | | | | |
| 3 | 0.9412 | 0.9531 | 0.9435 | 0.9438 | 0.9169 | | | | | |
| 4 | 0.9465 | 0.9557 | 0.9484 | 0.9439 | 0.9281 | | | | | |
| 5 | 0.9398 | 0.9445 | 0.9374 | 0.9209 | 0.8633 | | | | | |

（1）在加入 $MAXfactor_{IV}$ 之后，大部分截距项显著性下降。而且，在控制住 MAX 后，截距项 t 值变化量不随 BM 的变化而规则变化。不过，在控制住 BM 后，截距项 t 值变化量随 MAX 的变化而先变小后变大。

（2）在加入 $MAXfactor_{IV}$ 之后，定价模型对股票收益的拟合度有所提高。而且，在控制住 MAX 后，$R^2$ 值的改善程度不随 BM 的变化而规则变化。不过，在控制住 BM 后，$R^2$ 值的改善程度随 MAX 的变化而先变小后变大。前两个规律都说明新加入的博彩因子对两端组合收益的解释力更高。

（3）在加入 $MAXfactor_{IV}$ 之后的四因子模型结果中，绝大部分

$MAXfactor_{IV}$系数均十分显著。而且，在相同的所有 *MAX* 组合中，$MAXfactor_{IV}$系数并不随 *BM* 单调变化。不过，在相同的所有 *BM* 组合中，$MAXfactor_{IV}$系数明显地随 *MAX* 的增大而由正变负。再次表明博彩因子载荷与博彩特征有一定相关性。

表5－8和表5－9综合考虑了所有变量对回归结果的可能影响。将所有样本股票分别按 *Size*、*BM* 和 *MAX* 进行5等分，从而形成125个组合。为了简明，此处仅列示了各维度的最高值和最低值组合的情况，即表5－10所报告的8个组合的三因子和四因子模型检验结果。根据表5－10，8个$MAXfactor_{IV}$系数中有7个均显著，不过随着 *Size* 和 *BM* 两个维度上的变化，$MAXfactor_{IV}$系数仍然呈现出明显的由正变负的变化趋势。综合以上全样本期的检验结果，我们发现$MAXfactor_{IV}$对股票收益具有一定的解释能力，不过这一能力可能源于博彩特征，或者$MAXfactor_{IV}$未能充分控制住博彩特征对股票收益的影响。

**表5－10　多因子模型检验结果（按 *Size*、*BM* 和 *MAX* 分组）**

| 变量 | *Size* | *BM* | *MAX* | 截距项 | *MKT* | *SMB* | *HML* | $MAXfactor_{IV}$ | 调整 $R^2$ |
|---|---|---|---|---|---|---|---|---|---|
| 均值 | 小 | 低 | 小 | 0.0498 | 1.2209 | 0.9229 | －0.5883 | | 0.5035 |
| | | | | 0.0436 | 1.2971 | 0.8715 | －0.6464 | 0.7891 | 0.5179 |
| | | | 大 | 0.0317 | 1.1771 | 1.2628 | －0.8121 | | 0.7779 |
| | | | | 0.0373 | 1.1172 | 1.2735 | －0.7842 | －0.6323 | 0.7928 |
| | | 高 | 小 | －0.0070 | 0.9000 | 1.1909 | 0.3358 | | 0.9063 |
| | | | | －0.0092 | 0.9250 | 1.1730 | 0.3179 | 0.2540 | 0.9109 |
| | | | 大 | －0.0439 | 0.8657 | 1.3180 | 0.3981 | | 0.7821 |
| | | | | －0.0437 | 0.8609 | 1.3220 | 0.4039 | －0.0361 | 0.7806 |

续表

| 变量 | *Size* | *BM* | *MAX* | 截距项 | *MKT* | *SMB* | *HML* | $MAXfactor_{IV}$ | 调整 $R^2$ |
|---|---|---|---|---|---|---|---|---|---|
| 均值 | 大 | 低 | 小 | 0. 0243 | 0. 7723 | -0. 1127 | -0. 9596 | | 0. 6464 |
| | | | | 0. 0215 | 0. 8129 | -0. 1363 | -1. 0053 | 0. 3559 | 0. 6589 |
| | | | 大 | 0. 0180 | 1. 1958 | -0. 4049 | -0. 6748 | | 0. 7403 |
| | | | | 0. 0240 | 1. 1262 | -0. 3712 | -0. 6281 | -0. 7184 | 0. 7683 |
| | | 高 | 小 | -0. 0033 | 0. 9953 | -0. 0767 | 0. 3681 | | 0. 8600 |
| | | | | -0. 0077 | 1. 0401 | -0. 0892 | 0. 3393 | 0. 4993 | 0. 8823 |
| | | | 大 | -0. 0402 | 1. 0283 | 0. 1760 | 0. 4787 | | 0. 6393 |
| | | | | -0. 0358 | 0. 9776 | 0. 1847 | 0. 4937 | -0. 4920 | 0. 6531 |
| *t* 值 | 小 | 低 | 小 | 5. 2120 | 11. 3222 | 3. 7368 | -1. 8861 | | |
| | | | | 4. 4705 | 11. 7104 | 3. 5679 | -2. 0967 | 2. 4358 | |
| | | | 大 | 6. 2011 | 20. 0131 | 9. 8513 | -5. 0210 | | |
| | | | | 7. 2366 | 18. 9377 | 10. 2836 | -5. 0141 | -3. 7653 | |
| | | 高 | 小 | -2. 6588 | 32. 1650 | 19. 4742 | 4. 3034 | | |
| | | | | -3. 4589 | 32. 4431 | 19. 5727 | 4. 1638 | 3. 0271 | |
| | | | 大 | -9. 4716 | 16. 8220 | 12. 1886 | 2. 7731 | | |
| | | | | -9. 0484 | 15. 3337 | 12. 0119 | 2. 7557 | -0. 2157 | |
| | 大 | 低 | 小 | 6. 4649 | 17. 1424 | -1. 1744 | -7. 7068 | | |
| | | | | 5. 6309 | 17. 4444 | -1. 4400 | -8. 1468 | 2. 7765 | |
| | | | 大 | 3. 8730 | 22. 9857 | -3. 5709 | -4. 6291 | | |
| | | | | 5. 2555 | 21. 9928 | -3. 4586 | -4. 5497 | -4. 8322 | |
| | | 高 | 小 | -1. 2248 | 33. 3250 | -1. 1664 | 4. 4297 | | |
| | | | | -3. 0164 | 36. 6373 | -1. 4771 | 4. 4426 | 5. 9983 | |
| | | | 大 | -7. 4849 | 16. 9391 | 1. 2901 | 2. 6858 | | |
| | | | | -6. 5236 | 15. 6959 | 1. 3798 | 2. 8228 | -2. 7685 | |

### 5.3.3　基于分组法的定价检验

通过实证检验发现 $MAXfactor_{IV}$ 对股票收益具有较好的解释能力，不过这一能力可能是由它与博彩特征的相关性引发的。因此，仅通过上述检验还不能判断博彩型收益究竟源于模型误设（风险观），还是源于错误定价。这一部分将借鉴 FM 分组法的 2SCSR 进一步检验博彩型收益的成因。考察在控制住 MAX 后，$MAXfactor_{IV}$ 载荷是否仍具有股票收益的解释能力。如果 $MAXfactor_{IV}$ 是一种系统性风险，则对其因子载荷再进行回归时，应该通过显著性检验，即 $MAXfactor_{IV}$ 风险会产生溢价。如果 MAX 的系数显著，而 $MAXfactor_{IV}$ 载荷的系数不显著，则说明博彩型收益不是源于模型误设，结果不支持博彩型收益的风险观解释。

具体的检验步骤如 5.3.2 节所述。首先，利用个股时间序列数据，滚动估计各月的四因子载荷。其中，解释变量是四因子，被解释变量是各组合超额收益。每月将所有股票按 $MAXfactor_{IV}$ 的载荷大小等分为 3 组。同时，分别按 *Size*、*BM* 和 *MAX* 各 3 等分。如此，每月均形成 81 个组合。其次，计算组合各月的组合四因子系数。与估计个股四因子系数类似，在每个月，利用组合前 24 个月的组合收益对四因子进行时间序列回归，得到各月各组合的四因子系数。最后，各月进行一次横截面回归，同时，加入 *MAX* 指标以控制博彩特征的变化。按照 Fama－Macbeth 的方法计算，将得到的系数估计量的时间序列进行简单平均，并进行系数均值显著性的统计检验。

表 5－11 直接列示了解释变量含有 *MAX* 和四因子载荷，被解释

变量为组合平均超额收益的回归结果。无论在何种分组情况下，$MAXfactor_{IV}$载荷的回归系数绝对值都远小于 *MAX* 的回归系数，这意味着 $MAXfactor_{IV}$载荷对股票收益的影响远小于博彩特征的影响。$MAXfactor_{IV}$载荷的回归系数 *t* 值绝对值都较小，而且小于 *MAX* 回归系数的 *t* 值绝对值。这说明 *MAX* 所表征的博彩特征能控制 $MAXfactor_{IV}$载荷的收益解释能力，而 $MAXfactor_{IV}$载荷无法控制博彩特征的收益解释能力。据此可知，博彩型收益并非源于定价模型遗漏了相关风险因子，而可能是由错误定价造成的。

**表 5-11　四因子载荷与 *MAX* 回归结果（$MAXfactor_{IV}$）**

| 变量 | $\beta_{MKT}$ | $\beta_{SMB}$ | $\beta_{HML}$ | $\beta_{MAXfactorIV}$ | *MAX* |
|---|---|---|---|---|---|
| Panel A：10 - *MAX* | | | | | |
| 系数 | 0.0355 | 0.0195 | -0.0126 | 0.0030 | -0.2449 |
| *t* 值 | 2.59 | 2.06 | -1.19 | 0.79 | -2.55 |
| Panel B：25 - *Size* - *MAX* | | | | | |
| 系数 | 0.0453 | 0.0104 | 0.0041 | -0.0080 | -0.5364 |
| *t* 值 | 3.09 | 6.90 | 0.59 | -1.50 | -3.41 |
| Panel C：25 - *BM* - *MAX* | | | | | |
| 系数 | 0.0543 | 0.0008 | -0.0314 | -0.0045 | -0.5000 |
| *t* 值 | 3.07 | 0.10 | -12.24 | -0.82 | -3.18 |
| Panel D：125 - *Size* - *BM* - *MAX* | | | | | |
| 系数 | 0.0506 | 0.0192 | -0.0338 | -0.0093 | -0.6108 |
| *t* 值 | 4.13 | 9.52 | -15.50 | -2.08 | -4.95 |

## 5.4　稳健性检验

本章已经基于 *IV* 中性的博彩因子 $MAXfactor_{IV}$，通过实证发现博彩型收益可能源于错误定价，而非模型误设（风险观）。为了保证结果不受博彩因子构建指标的影响，我们构建了新的博彩因子来进行稳健性检验。

### 5.4.1　*Turn* 中性的博彩因子 $MAXfactor_{Turn}$

根据第 3 章的分析，*MAX* 除与 *IV* 的相关性较高之外，它与 *Turn* 的相关性也较高（见表 3 – 2）。为了保证前文结果的稳健性，我们又构建了 *Turn* 中性的博彩因子 $MAXfactor_{Turn}$。具体构建方法与 $MAXfactor_{IV}$ 类似：

（1）每月按 *MAX* 将所有样本股票排序，等分为 3 组。然后，再单独按 *Turn* 排序分组，等分为 2 组。如此，每个月都形成 6 个组合。

（2）估计这 6 个组合下个月的收益，组合收益为组合内所有股票的收益均值。

（3）计算基于 *MAX* 构建的 *Turn* 中性博彩因子。$MAXfactor_{Turn}$ 等于两个低 *MAX* 组合的平均收益与两个高 *MAX* 组合的平均收益之差。

表 5 – 12 是 Fama – French 三因子和 $MAXfactor_{Turn}$ 的描述性统计与相关性分析。$MAXfactor_{Turn}$ 的均值为 0.0093，*t* 值为 4.12，通过了显著性检验，说明构建的博彩因子具有可行性。同时，$MAXfactor_{Turn}$

与其他三个因子的相关性较低，说明 $MAXfactor_{Turn}$ 不能被其他因子所包含和解释。其中，$MAXfactor_{Turn}$ 与 *MKT* 负相关，相关系数为 -0.2768，与 *SMB* 的相关系数为 -0.0135，与 *HML* 的相关系数为 0.1427。

**表 5-12　四因子描述性统计分析与相关分析结果（$MAXfactor_{Turn}$）**

| 变量 | *MKT* | *SMB* | *HML* | $MAXfactor_{Turn}$ |
|---|---|---|---|---|
| 均值 | 0.0099 | 0.0079 | 0.0016 | 0.0093 |
| 标准差 | 0.0877 | 0.0429 | 0.0332 | 0.0313 |
| *t* 值 | 1.56 | 2.55 | 0.67 | 4.12 |
| *MKT* | 1 | | | |
| *SMB* | 0.1118 | 1 | | |
| *HML* | 0.0178 | -0.3521 | 1 | |
| $MAXfactor_{Turn}$ | -0.2768 | -0.0135 | 0.1427 | 1 |

表 5-13 是基于 $MAXfactor_{Turn}$ 的全样本期的四因子模型检验结果。为了剔除公司差异对回归结果的影响，同时保证各组合具有一定的样本量，此处列示的是将样本股票分别按 *Size* 和 *MAX* 五等分，形成 25 个组合的检验结果。表 5-14 则是将样本股票分别按 *BM* 和 *MAX* 五等分，形成 25 个组合的检验结果。为了节省篇幅，表 5-13 和表 5-14 只列出了与截距项、拟合度、$MAXfactor_{Turn}$ 相关的部分结果。

表 5-13　四因子模型检验结果（按 *Size* 和 *MAX* 分组，$MAXfactor_{Turn}$）

| *Size* | *MAX* | | | | | | | | | |
|---|---|---|---|---|---|---|---|---|---|---|
| | 1 | 2 | 3 | 4 | 5 | 1 | 2 | 3 | 4 | 5 |
| | 截距项 | | | | | $t$ 值 | | | | |
| 1 | 0.007 | 0.008 | 0.007 | 0.003 | 0.000 | 3.524 | 4.580 | 3.483 | 1.400 | 0.148 |
| 2 | 0.001 | 0.003 | 0.003 | 0.000 | -0.006 | 0.478 | 1.777 | 1.636 | -0.266 | -2.601 |
| 3 | -0.002 | 0.001 | 0.000 | 0.004 | -0.004 | -0.970 | 0.500 | -0.055 | 1.616 | -1.699 |
| 4 | -0.002 | 0.000 | 0.000 | 0.000 | 0.000 | -1.078 | -0.121 | -0.133 | 0.043 | -0.180 |
| 5 | 0.000 | -0.001 | 0.002 | 0.006 | 0.004 | 0.055 | -0.434 | 1.128 | 2.976 | 1.656 |
| | $MAXfactor_{Turn}$ | | | | | $t$ 值 | | | | |
| 1 | 0.428 | 0.359 | -0.005 | -0.212 | -0.560 | 6.627 | 6.867 | -0.075 | -3.730 | -7.119 |
| 2 | 0.507 | 0.387 | 0.018 | -0.152 | -0.466 | 9.409 | 6.840 | 0.305 | -2.718 | -6.414 |
| 3 | 0.428 | 0.260 | 0.013 | -0.215 | -0.553 | 7.354 | 4.348 | 0.214 | -3.145 | -7.391 |
| 4 | 0.537 | 0.343 | 0.011 | -0.268 | -0.832 | 9.512 | 5.641 | 0.171 | -4.113 | -10.866 |
| 5 | 0.559 | 0.368 | 0.060 | -0.398 | -0.705 | 10.292 | 6.305 | 1.020 | -6.169 | -9.875 |
| | 调整 $R^2$ | | | | | | | | | |
| 1 | 0.9399 | 0.9624 | 0.9474 | 0.9564 | 0.9264 | | | | | |
| 2 | 0.9473 | 0.9533 | 0.9475 | 0.9546 | 0.9260 | | | | | |
| 3 | 0.9347 | 0.9397 | 0.9448 | 0.9276 | 0.9132 | | | | | |
| 4 | 0.9319 | 0.9367 | 0.9283 | 0.9320 | 0.9076 | | | | | |
| 5 | 0.9315 | 0.9370 | 0.9361 | 0.9290 | 0.9210 | | | | | |

表 5-14　四因子模型检验结果（按 *BM* 和 *MAX* 分组，$MAXfactor_{Turn}$）

| *BM* | *MAX* | | | | | | | | | |
|---|---|---|---|---|---|---|---|---|---|---|
| | 1 | 2 | 3 | 4 | 5 | 1 | 2 | 3 | 4 | 5 |
| | 截距项 | | | | | $t$ 值 | | | | |
| 1 | 0.026 | 0.026 | 0.031 | 0.030 | 0.028 | 7.618 | 8.342 | 11.009 | 10.186 | 10.929 |
| 2 | 0.009 | 0.010 | 0.014 | 0.010 | 0.001 | 3.525 | 4.988 | 6.397 | 5.073 | 0.377 |

续表

| BM | MAX | | | | | | | | | |
|---|---|---|---|---|---|---|---|---|---|---|
| | 1 | 2 | 3 | 4 | 5 | 1 | 2 | 3 | 4 | 5 |
| | 截距项 | | | | | t 值 | | | | |
| 3 | 0.001 | 0.004 | 0.000 | -0.004 | -0.014 | 0.385 | 2.074 | -0.069 | -2.090 | -6.286 |
| 4 | -0.005 | -0.004 | -0.010 | -0.014 | -0.023 | -2.992 | -2.628 | -5.528 | -7.434 | -11.007 |
| 5 | -0.013 | -0.015 | -0.021 | -0.023 | -0.036 | -7.539 | -8.367 | -10.947 | -10.578 | -12.455 |
| | $MAXfactor_{Turn}$ | | | | | t 值 | | | | |
| 1 | 0.577 | 0.537 | -0.062 | -0.274 | -0.844 | 5.282 | 5.510 | -0.687 | -2.925 | -10.488 |
| 2 | 0.639 | 0.318 | -0.078 | -0.395 | -0.616 | 7.731 | 4.814 | -1.128 | -6.258 | -8.670 |
| 3 | 0.413 | 0.369 | 0.036 | -0.187 | -0.551 | 7.429 | 6.742 | 0.594 | -3.137 | -7.704 |
| 4 | 0.420 | 0.311 | 0.051 | -0.182 | -0.411 | 8.014 | 5.855 | 0.910 | -3.076 | -6.349 |
| 5 | 0.514 | 0.286 | 0.209 | -0.094 | -0.282 | 9.446 | 5.126 | 3.464 | -1.403 | -3.075 |
| | 调整 $R^2$ | | | | | | | | | |
| 1 | 0.8026 | 0.8687 | 0.8799 | 0.8820 | 0.9186 | | | | | |
| 2 | 0.8800 | 0.9257 | 0.9253 | 0.9380 | 0.9193 | | | | | |
| 3 | 0.9419 | 0.9531 | 0.9432 | 0.9447 | 0.9198 | | | | | |
| 4 | 0.9477 | 0.9553 | 0.9481 | 0.9443 | 0.9308 | | | | | |
| 5 | 0.9434 | 0.9455 | 0.9382 | 0.9207 | 0.8631 | | | | | |

将表5-13与表5-6对比可知：（1）截距项显著性有所降低。在加入 $MAXfactor_{Turn}$ 之后，截距项变得更不显著，25个截距项 t 值绝对值中有21个均有所下降。在未加入 $MAXfactor_{Turn}$ 之前的三因子模型检验结果中，25个截距项 t 值绝对值中有16个小于2。在加入 *MAXfactor* 之后的四因子模型检验结果中，25个截距项 t 值绝对值中

有 20 个小于 2。与 IV 中性的 $MAXfactor_{IV}$ 检验结果相同，在控制住 MAX 后，截距项 t 值的变化量不随 Size 的变化而规则变化。不过，在控制住 Size 后，截距项 t 值变化量随 MAX 的变化而先变小后变大。这说明博彩因子的加入对两端组合收益的解释力更强。另外，$MAXfactor_{Turn}$ 使截距项的显著性下降得更为明显，其对收益的解释力比 $MAXfactor_{IV}$ 甚至要更好一些。

（2）拟合度有所提高。在加入 $MAXfactor_{Turn}$ 之后，25 个 $R^2$ 值中有 20 个得到了提高。与截距项 t 值的变化类似，在控制住 MAX 后，$R^2$ 值的改善程度不随 Size 的变化而规则变化。不过，在控制住 Size 后，$R^2$ 值的改善程度随 MAX 的变化而先变小后变大。这再次说明博彩因子的加入对两端组合收益的拟合改善程度更高。另外，在变化的 20 个 $R^2$ 值中，有 13 个 $R^2$ 值的增加量大于 IV 中性的 $MAXfactor_{IV}$。因此，从拟合度方面来看，$MAXfactor_{Turn}$ 的表现也要略优于 $MAXfactor_{IV}$。

（3）表 5 - 7 显示大部分 $MAXfactor_{Turn}$ 系数都比较显著。在加入 $MAXfactor_{Turn}$ 之后的四因子模型结果中，25 个 $MAXfactor_{Turn}$ 系数中的 20 个系数均十分显著。另外，可以发现在相同的所有 MAX 组合中，$MAXfactor_{Turn}$ 系数并不随 Size 单调变化。不过，在相同的所有 Size 组合中，$MAXfactor_{Turn}$ 系数明显地随 MAX 的增大而由正变负。这意味着，无论对 $MAXfactor_{Turn}$ 而言，还是 $MAXfactor_{IV}$ 来说，博彩因子载荷与博彩特征都表现出一定的相关性。再次验证了博彩因子对股票收益的解释力可能源于博彩特征，或者博彩因子未能充分控制住博彩特征对股票收益的影响，说明了前文结果的稳健性。

将表 5 - 14 与表 5 - 8 对比，可以得到类似上述的发现：

（1）在加入 $MAXfactor_{Turn}$ 之后，有 16 个截距项的显著性下降。

与 *IV* 中性的 $MAXfactor_{IV}$相同，$MAXfactor_{Turn}$对 *MAX* 两端组合收益的解释力更强。

（2）在加入 $MAXfactor_{Turn}$之后，定价模型对股票收益的拟合度有所提高。与 *IV* 中性的 $MAXfactor_{IV}$的回归结果类似，博彩因子的加入对 *MAX* 两端组合收益的拟合改善程度更高。

（3）绝大多数的 $MAXfactor_{Turn}$系数均十分显著。而且，在相同的所有 *MAX* 组合中，*MAXfactor* 系数并不随 *BM* 单调变化。不过，在相同的所有 *BM* 组合中，*MAXfactor* 系数明显地随 *MAX* 的增大而由正变负。另外，根据表 5 – 13 与表 5 – 6 的变化，以及表 5 – 14 与表 5 – 8的变化，$MAXfactor_{Turn}$对组合收益的解释力甚至比 *IV* 中性的 $MAXfactor_{IV}$还要略好一些。不过，表 5 – 13 和表 5 – 14 表明这一解释力仍然与博彩特征相关，$MAXfactor_{Turn}$同样没有能够控制住博彩特征对股票收益的影响。

表 5 – 15 是利用博彩因子 $MAXfactor_{Turn}$并基于分组法的定价检验。表 5 – 15 显示，在两种分组情况下，$MAXfactor_{Turn}$载荷的回归系数绝对值都远小于 *MAX* 的回归系数，这意味着 $MAXfactor_{Turn}$载荷的收益影响远小于 *MAX* 博彩特征的收益影响。而且更重要的是，$MAXfactor_{Turn}$载荷的回归系数 *t* 值绝对值都较小，而且小于 *MAX* 回归系数的 *t* 值绝对值。这说明 *MAX* 所表征的博彩特征能控制 $MAXfactor_{Turn}$载荷的收益解释能力，而 $MAXfactor_{Turn}$载荷无法控制 *MAX* 博彩特征的收益解释能力。因此，$MAXfactor_{Turn}$的检验结果与 *IV* 中的 $MAXfactor_{IV}$结果一致，都发现博彩型收益不是由定价模型遗漏相关的风险因子造成的，而是可能源于错误定价。

**表 5－15　　四因子载荷与 MAX 回归结果（$MAXfactor_{Turn}$）**

| 变量 | $\beta_{MKT}$ | $\beta_{SMB}$ | $\beta_{HML}$ | $\beta_{MAXfactor_{Turn}}$ | MAX |
|---|---|---|---|---|---|
| Panel A：25 － Size － MAX | | | | | |
| 系数 | 0.0459 | 0.0105 | 0.0040 | －0.0078 | －0.5415 |
| t 值 | 3.15 | 6.87 | 0.58 | －1.31 | －3.08 |
| Panel B：25 － BM － MAX | | | | | |
| 系数 | 0.0529 | 0.0009 | －0.0315 | －0.0092 | －0.5334 |
| t 值 | 2.97 | 0.12 | －12.15 | －1.72 | －3.32 |

### 5.4.2　EIS 中性的博彩因子 $ISfactor_{EIS}$

IS 是识别能力仅次于 MAX 的博彩型股票识别指标，而且 IS 与 EIS 的相关性较高。为了保证前文检验结果不受博彩指标的影响，我们又基于 IS 构建了 EIS 中性的博彩因子 $ISfactor_{EIS}$。其构造方法与 MAXfactor 相同：

（1）每月按 IS 将所有样本股票排序，等分为 3 组。然后，再按 EIS 排序分组，等分为 2 组。如此，每个月都形成 6 个组合。

（2）估计这 6 个组合下个月的收益，组合收益为组合内所有股票的收益均值。

（3）计算博彩因子。EIS 中性的 ISfactor 等于两个低 IS 组合的平均收益与两个高 IS 组合的平均收益之差。

表 5－16 是关于 $ISfactor_{EIS}$ 与 Fama－French 三因子的描述性统计和相关性分析。其中，$ISfactor_{EIS}$ 的 t 值为 3.77，说明构建的博彩因子具有一定可行性。

表 5 – 16　四因子描述性统计分析与相关分析结果（$ISfactor_{EIS}$）

| 变量 | *MKT* | *SMB* | *HML* | $ISfactor_{EIS}$ |
|---|---|---|---|---|
| 均值 | 0.0099 | 0.0079 | 0.0016 | 0.0055 |
| 标准差 | 0.0877 | 0.0429 | 0.0332 | 0.0203 |
| *t* 值 | 1.56 | 2.55 | 0.67 | 3.77 |
| *MKT* | 1 | | | |
| *SMB* | 0.1118 | 1 | | |
| *HML* | 0.0178 | -0.3521 | 1 | |
| $ISfactor_{EIS}$ | -0.0412 | 0.0424 | -0.3379 | 1 |

表 5 – 17 和表 5 – 18 是基于 $ISfactor_{EIS}$ 的全样本期三因子和四因子模型检验结果。表 5 – 17 的 Panel A 和 Panel B 是将样本股票分别按 *Size* 和 *IS* 进行 5 等分。表 5 – 19 的 Panel A 和 Panel B 则是将样本股票分别按 *BM* 和 *IS* 进行 5 等分。为了节省篇幅，此处仅列出了与截距项、拟合度和 $ISfactor_{EIS}$ 相关的部分结果。

表 5 – 17　多因子模型检验结果（按 *Size* 和 *IS* 分组）

Panel A：三因子模型

| *Size* | *IS* | | | | | | | | | |
|---|---|---|---|---|---|---|---|---|---|---|
| | 1 | 2 | 3 | 4 | 5 | 1 | 2 | 3 | 4 | 5 |
| | 截距项 | | | | | *t* 值 | | | | |
| 1 | 0.008 | 0.010 | 0.004 | 0.002 | 0.001 | 3.838 | 4.956 | 2.045 | 1.402 | 0.536 |
| 2 | 0.006 | 0.004 | 0.000 | -0.001 | -0.006 | 3.407 | 2.184 | 0.203 | -0.456 | -3.128 |
| 3 | 0.002 | 0.001 | 0.000 | -0.002 | -0.004 | 0.977 | 0.495 | 0.093 | -1.132 | -2.108 |
| 4 | 0.002 | 0.001 | -0.003 | -0.004 | -0.003 | 0.826 | 0.613 | -1.282 | -1.714 | -1.435 |
| 5 | 0.004 | 0.007 | 0.003 | -0.001 | -0.005 | 2.551 | 3.488 | 1.789 | -0.676 | -2.615 |

续表

Panel A：三因子模型

| Size | IS | | | | | | | | | |
|---|---|---|---|---|---|---|---|---|---|---|
| | 1 | 2 | 3 | 4 | 5 | | | | | |
| | 调整 $R^2$ | | | | | | | | | |
| 1 | 0.9324 | 0.9472 | 0.9475 | 0.9595 | 0.9534 | | | | | |
| 2 | 0.9388 | 0.9454 | 0.9389 | 0.9550 | 0.9419 | | | | | |
| 3 | 0.9153 | 0.9221 | 0.9274 | 0.9311 | 0.9191 | | | | | |
| 4 | 0.9127 | 0.9301 | 0.9191 | 0.9018 | 0.9029 | | | | | |
| 5 | 0.9425 | 0.9259 | 0.9261 | 0.9256 | 0.9254 | | | | | |

Panel B：四因子模型

| Size | IS | | | | | | | | | |
|---|---|---|---|---|---|---|---|---|---|---|
| | 1 | 2 | 3 | 4 | 5 | 1 | 2 | 3 | 4 | 5 |
| | 截距项 | | | | | t 值 | | | | |
| 1 | 0.006 | 0.007 | 0.003 | 0.003 | 0.002 | 2.644 | 3.752 | 1.764 | 1.546 | 1.280 |
| 2 | 0.004 | 0.002 | 0.000 | -0.001 | -0.003 | 2.082 | 1.215 | 0.013 | -0.315 | -1.817 |
| 3 | -0.001 | 0.000 | 0.001 | 0.000 | -0.002 | -0.392 | -0.017 | 0.447 | -0.008 | -0.874 |
| 4 | -0.001 | 0.001 | -0.002 | -0.001 | 0.000 | -0.572 | 0.680 | -0.824 | -0.534 | -0.029 |
| 5 | 0.002 | 0.008 | 0.005 | 0.002 | -0.003 | 1.496 | 3.738 | 2.733 | 0.825 | -1.545 |
| | $ISfactor_{EIS}$ | | | | | t 值 | | | | |
| 1 | 0.427 | 0.374 | 0.061 | -0.060 | -0.232 | 3.896 | 3.893 | 0.626 | -0.703 | -2.560 |
| 2 | 0.419 | 0.289 | 0.060 | -0.034 | -0.409 | 4.492 | 3.087 | 0.607 | -0.402 | -4.426 |
| 3 | 0.504 | 0.177 | -0.128 | -0.362 | -0.429 | 4.627 | 1.657 | -1.204 | -3.739 | -4.117 |
| 4 | 0.490 | -0.031 | -0.142 | -0.464 | -0.555 | 4.730 | -0.325 | -1.356 | -3.920 | -4.776 |
| 5 | 0.279 | -0.139 | -0.325 | -0.492 | -0.330 | 3.393 | -1.349 | -3.299 | -5.091 | -3.445 |
| | 调整 $R^2$ | | | | | | | | | |
| 1 | 0.9372 | 0.9509 | 0.9473 | 0.9594 | 0.9547 | | | | | |
| 2 | 0.9445 | 0.9478 | 0.9386 | 0.9548 | 0.9471 | | | | | |

续表

| Panel B：四因子模型 | | | | | | | | | | |
|---|---|---|---|---|---|---|---|---|---|---|
| *Size* | *IS* | | | | | | | | | |
| | 1 | 2 | 3 | 4 | 5 | | | | | |
| | 调整 $R^2$ | | | | | | | | | |
| 3 | 0.9236 | 0.9229 | 0.9276 | 0.9356 | 0.9254 | | | | | |
| 4 | 0.9217 | 0.9297 | 0.9194 | 0.9088 | 0.9130 | | | | | |
| 5 | 0.9456 | 0.9262 | 0.9298 | 0.9344 | 0.9295 | | | | | |

**表 5－18　　多因子模型检验结果（按 *BM* 和 *IS* 分组）**

| Panel A：三因子模型 | | | | | | | | | | |
|---|---|---|---|---|---|---|---|---|---|---|
| *BM* | *IS* | | | | | | | | | |
| | 1 | 2 | 3 | 4 | 5 | 1 | 2 | 3 | 4 | 5 |
| | 截距项 | | | | | *t* 值 | | | | |
| 1 | 0.032 | 0.029 | 0.026 | 0.025 | 0.025 | 10.824 | 10.447 | 8.076 | 8.721 | 7.564 |
| 2 | 0.009 | 0.009 | 0.007 | 0.005 | 0.007 | 4.006 | 4.365 | 3.529 | 2.548 | 3.041 |
| 3 | －0.001 | 0.000 | －0.003 | －0.005 | －0.004 | －0.443 | －0.044 | －1.655 | －2.445 | －1.782 |
| 4 | －0.006 | －0.008 | －0.012 | －0.012 | －0.012 | －3.798 | －4.114 | －6.255 | －6.855 | －6.592 |
| 5 | －0.014 | －0.015 | －0.017 | －0.019 | －0.019 | －6.591 | －7.978 | －9.130 | －10.933 | －10.123 |
| | 调整 $R^2$ | | | | | | | | | |
| 1 | 0.8543 | 0.8730 | 0.8527 | 0.8840 | 0.8473 | | | | | |
| 2 | 0.9061 | 0.9215 | 0.9246 | 0.9189 | 0.9123 | | | | | |
| 3 | 0.9397 | 0.9385 | 0.9265 | 0.9409 | 0.9348 | | | | | |
| 4 | 0.9471 | 0.9380 | 0.9394 | 0.9446 | 0.9380 | | | | | |
| 5 | 0.9155 | 0.9329 | 0.9321 | 0.9411 | 0.9326 | | | | | |

续表

Panel B：四因子模型

| BM | IS | | | | | | | | | |
|---|---|---|---|---|---|---|---|---|---|---|
| | 1 | 2 | 3 | 4 | 5 | 1 | 2 | 3 | 4 | 5 |
| | 截距项 | | | | | t 值 | | | | |
| 1 | 0.031 | 0.030 | 0.027 | 0.030 | 0.030 | 10.018 | 10.223 | 8.246 | 10.397 | 9.705 |
| 2 | 0.006 | 0.009 | 0.008 | 0.007 | 0.010 | 2.771 | 4.205 | 3.743 | 3.147 | 4.364 |
| 3 | -0.003 | -0.001 | -0.003 | -0.003 | -0.001 | -1.799 | -0.688 | -1.192 | -1.652 | -0.547 |
| 4 | -0.009 | -0.009 | -0.012 | -0.011 | -0.011 | -5.541 | -4.853 | -6.144 | -6.121 | -5.652 |
| 5 | -0.016 | -0.016 | -0.018 | -0.020 | -0.018 | -7.784 | -8.401 | -9.058 | -10.534 | -9.388 |
| | $ISfactor_{EIS}$ | | | | | t 值 | | | | |
| 1 | 0.165 | -0.125 | -0.274 | -0.725 | -0.947 | 1.086 | -0.858 | -1.673 | -5.129 | -6.103 |
| 2 | 0.466 | -0.017 | -0.130 | -0.246 | -0.508 | 4.073 | -0.160 | -1.239 | -2.309 | -4.438 |
| 3 | 0.405 | 0.207 | -0.139 | -0.227 | -0.410 | 4.557 | 2.175 | -1.316 | -2.398 | -4.126 |
| 4 | 0.442 | 0.267 | 0.059 | -0.136 | -0.230 | 5.518 | 2.861 | 0.612 | -1.506 | -2.442 |
| 5 | 0.431 | 0.220 | 0.110 | 0.037 | -0.090 | 4.127 | 2.334 | 1.125 | 0.397 | -0.922 |
| | 调整 $R^2$ | | | | | | | | | |
| 1 | 0.8544 | 0.8728 | 0.8541 | 0.8978 | 0.8721 | | | | | |
| 2 | 0.9133 | 0.9211 | 0.9248 | 0.9207 | 0.9203 | | | | | |
| 3 | 0.9455 | 0.9397 | 0.9267 | 0.9423 | 0.9399 | | | | | |
| 4 | 0.9543 | 0.9403 | 0.9392 | 0.9449 | 0.9396 | | | | | |
| 5 | 0.9222 | 0.9344 | 0.9322 | 0.9409 | 0.9325 | | | | | |

对比表 5-17 的 Panel A 和 Panel B，以及对比表 5-18 的 Panel A 和 Panel B 都可以得到与前文类似的结论。概括而言，$ISfactor_{EIS}$提高

了回归的拟合度，降低了截距项的显著性，而且绝大部分的 $ISfactor_{EIS}$系数也是显著的，这些都说明 $ISfactor_{EIS}$具有一定的收益解释力。最重要的是，$ISfactor_{EIS}$同样展现出随 *IS* 的增大而由正变负的变化规律，表明 $ISfactor_{EIS}$对收益的解释力与博彩特征相关。

为了进一步确认 $ISfactor_{EIS}$对收益的解释能力是否源于博彩特征，本章对 $ISfactor_{EIS}$也进行了与 $MAXfactor_{IV}$和 $MAXfactor_{Turn}$相同的分组法 2SCSR 定价检验，结果如表 5 – 19 所示。与表 5 – 11、表 5 – 15 相比，*IS* 和 $ISfactor_{EIS}$对收益的解释能力分别弱于 *MAX* 及其风险因子。不过，在两种分组情况下，$ISfactor_{EIS}$载荷的回归系数绝对值及其 *t* 值绝对值分别小于 *IS* 的回归系数绝对值及其 *t* 值绝对值。这说明 *IS* 所表征的博彩特征能控制 $ISfactor_{EIS}$载荷的收益解释能力，而 $ISfactor_{EIS}$载荷无法控制 *IS* 博彩特征的收益解释能力。因此，*EIS* 中性的 $ISfactor_{EIS}$的检验结果也表明博彩型收益不是由定价模型中漏了相关的风险因子而造成的。

**表 5 – 19　　　四因子载荷与 *IS* 回归结果**

| 变量 | $\beta_{MKT}$ | $\beta_{SMB}$ | $\beta_{HML}$ | $\beta_{ISfactor_{EIS}}$ | *IS* |
|---|---|---|---|---|---|
| Panel A：25 – *Size* – *IS* | | | | | |
| 系数 | 0. 0863 | 0. 0114 | – 0. 0015 | – 0. 0064 | – 0. 0121 |
| *t* 值 | 3. 78 | 7. 31 | – 0. 35 | – 1. 31 | – 2. 88 |
| Panel B：25 – *BM* – *IS* | | | | | |
| 系数 | 0. 0578 | 0. 0162 | – 0. 0304 | – 0. 0016 | – 0. 0127 |
| *t* 值 | 4. 58 | 8. 73 | – 14. 59 | – 0. 80 | – 3. 75 |

综上所述，无论采用何种博彩指标、何种博彩因子，本章的实

证检验结果都表明博彩型收益不是由定价模型遗漏风险因子造成的，风险观无法解释博彩型收益的存在，进而说明博彩型收益可能源于错误定价。

## 5.5　本章小结

博彩型收益无法被 CAPM 和 Fama - French 三因子等常用定价模型所解释，它的存在似乎否定了理性因子定价模型。不过，在做出这一判断之前，我们应该系统地检验博彩型收益究竟是一种错误定价的结果，还是由模型误设（风险观）所导致的。风险观解释认为博彩型收益是由定价模型的误设而导致的，即定价模型遗漏了某一定价因子，它能够控制住博彩型股票的风险回报。错误定价解释则认为，博彩型收益是市场没有对博彩型股票进行正确定价的结果。本章对博彩型收益成因的风险观解释进行了检验。

具体而言，本章对博彩型收益成因的检验分为三个步骤。首先，基于前文对中国博彩型股票识别指标的分析，本章构建了适用于中国股市的博彩因子。其次，在全样本期内，进行三因子和四因子模型检验。通过多种分组方式，控制了博彩特征等因素对股票收益的影响。目的在于检验博彩因子对股票收益的解释力，并区分博彩风险定价与博彩特征定价。最后，在全样本期三因子和四因子模型检验结果的基础上，利用 2SCSR 方法进一步检验博彩因子是否为一个定价因子。同时加入博彩指标，以比较博彩特征与博彩因子对股票收益的解释力，进而判断博彩型收益究竟源于错误定价，还是系统性风险。

本章的实证结果发现：

第一，本章构建的博彩因子 $MAXfactor_{IV}$、$MAXfactor_{Turn}$ 和 $ISfactor_{EIS}$，均通过了显著性检验，说明它们都具有一定的可行性。

第二，在全样本期的三因子和四因子模型检验中，本章比较了加入博彩因子前后的回归拟合度、截距项显著性以及博彩因子的显著性三个方面。以 $MAXfactor_{IV}$ 的检验结果为例，本章发现以下几个规律：（1）截距项 $t$ 值绝对值的变化表明博彩因子对股票收益具有解释力，并且对博彩特征的极端组合（最具博彩特征和最不具有博彩特征的股票组合）收益的解释力更强。（2）拟合度的变化也表明博彩因子的加入提高了定价模型对股票收益的解释力，而且对博彩特征的极端组合收益的拟合改善程度最高。前两个规律说明博彩因子对股票收益具有解释能力，同时也验证了股票博彩特征的非线性变化（Barberis and Huang，2008；李培馨等，2014）。（3）博彩因子系数明显地随博彩特征的增强而由正变负。这说明博彩因子载荷与博彩特征有一定相关性，博彩因子对股票收益的解释力可能源于博彩特征，或者博彩因子未能充分控制住博彩特征对股票收益的影响。

第三，通过 2SCSR 发现，无论在何种分组情况下，博彩因子载荷的回归系数绝对值都远小于博彩识别指标的回归系数，这意味着博彩因子载荷对收益的影响远小于博彩特征对收益的影响。更为重要的是，博彩因子载荷的回归系数 $t$ 值绝对值都较小，并且小于博彩识别指标的回归系数 $t$ 值绝对值。这说明博彩特征能控制博彩因子载荷的收益解释能力，而博彩因子载荷无法控制博彩特征的收益解释能力。本章的稳健性检验也表明上述实证结果不受博彩指标选择的影响。据此，本章认为博彩型收益并不是由定价模型中遗漏了风险因子而造成的。

虽然国内部分研究涉及博彩型收益成因的解释，但它们并没有进行实质性的检验，而且这些解释几乎都是直接借用国外研究的非理性错误定价理论。然而，实际上，在从行为金融学视角对博彩型收益进行解释之前，我们需要对博彩型收益的风险观解释进行检验。本章的检验结果表明博彩型收益可能源于错误定价，为已有研究提供了理论和经验支持。

# 第 6 章

# 博彩型股票收益的存在性解释：基于投资者情绪的错误定价分析

本书第 5 章通过构建博彩因子，利用多因子模型、2SCSR 等方法检验了博彩型收益的成因，结果发现风险观无法解释博彩型收益，说明博彩型收益可能来源于错误定价。本章将从行为金融学视角对博彩型收益的成因做进一步的研究。

在以往的研究中，从行为金融学角度解释博彩型收益的两篇经典文献分别是布鲁纳迈耶等（2007）、巴伯里和黄（2008）。布鲁纳迈耶等（2007）沿用布鲁纳迈耶和帕克（2005）的“最优信念”框架，认为投资者的乐观信念对投资者有两方面的影响：一方面，乐观信念会让投资者对未来有更好的预期，从而提高未来效用流的现值；另一方面，乐观主义可能导致坏的投资决策，降低未来收益。投资者需要在这两者之间进行权衡，最终形成“最优信念”。布鲁纳迈耶等（2007）证明发现投资者会在“最优信念”形成的过程中，产生对正偏性资产的偏好。由于偏度偏好，投资者高估具有收益正偏性特征的博彩型股票，最终导致博彩型股票获得负异常收益。巴伯里和黄（2008）基于特沃斯基和卡尼曼（1992）提出的累计前景理论（cumulative prospect theory），认为人们往往高估小概率事件发生的可能性，这导致人们热衷于追求小概率的巨额收益，从而表现出偏度偏好和博彩行为，并导致博彩型股票获得负异常收益。布鲁纳迈耶等（2007）、巴伯里和黄（2008）都认为是人们的行为偏差产生了偏度偏好，进而影响博彩型股票的收益。学者们由此提出了行为金融学视角的“偏度偏好假说”。该假说与标准金融学的“偏度偏好假说”不同，标准金融学认为只有系统性偏度会对资产价格和收益产生影响，而行为金融学认为特质偏度也会影响资产价格和收益。

国内文献基本都是以这两篇经典文献为出发点，直接检验博彩型股票的收益情况是否符合理论预期，只有极少数国内研究对博彩型收益的成因进行了分析。譬如，徐小君（2010）假设投资者具有“狭窄框定”（Barberis and Huang，2008），认为投资者只关注个别股票的收益特征，而不会与其他股票结合起来考虑。通过理论推导，该研究发现股票收益受到市场因素、自身波动率和偏度的影响。不过该研究的局限性在于，一是其假设已经认为投资者只关注股票的特质特征，其实已经暗含了结论；二是这一解释难以直接得到验证，只能作为博彩型收益的又一个理论解释。事实上，已有的几种理论解释由于涉及投资者的心理因素和偏好，都难以对其进行直接的检验。本章试图结合已有理论研究，从基于投资者情绪的错误定价视角为博彩型收益的行为解释提供一个可行的检验。

从投资者情绪和错误定价的角度为博彩型收益提供行为解释的原因在于：一方面，根据行为金融学的“偏度偏好假说”和本书第 5 章的检验结果可知，博彩型收益可能是由错误定价导致的。另一方面，根据方和托赫（2014）、贝克和沃尔格勒（2006）等研究，投资者情绪既可以反映布鲁纳迈耶等（2007）所分析的投资者的乐观信念，也会影响巴伯里和黄（2008）所论述的投资者对小概率事件发生可能性的主观估计。也就是说，我们可以利用投资者情绪表征产生偏度偏好的投资者心理和行为偏差。结合这两个方面，可以发现投资者情绪会影响博彩型股票价格被高估的程度，进而影响博彩型收益的产生。本章将对此进行检验，为博彩型收益的存在性提供一个行为金融学视角的解释，也为布鲁纳迈耶等（2007）、巴伯里和黄（2008）等提供一个来自中国股票市场的经验证据。

首先，借助布鲁纳迈耶等（2007）的研究思路，从理论上说明了投资者情绪如何影响收益正偏股票的错误定价程度，进而影响博彩型收益的产生。根据该理论模型，本章提出可供检验的假设，并在后文对这些假设一一进行检验。其次，本章构建了错误定价指数，以分析博彩型收益与错误定价的关系，检验博彩型收益是否源于股票价格的高估。最后，在检验博彩型收益与错误定价关系的基础上，进一步引入投资者情绪，分析投资者情绪对错误定价与博彩型收益之间关系的影响。本章仍然先以博彩识别指标 *MAX* 为例进行分析，然后将 *IS* 的相关分析作为稳健性检验，以保证研究结果不受识别指标选择的影响。

## 6.1 样本数据与变量

本章使用的样本为 1999 年 3 月至 2014 年 12 月的沪深 A 股交易

数据。由于 ST、PT、复牌和首日上市股票的涨跌幅限制不同于正常交易的股票，因此本章剔除了样本期内这四类股票的观测值。另外，本章还剔除了每月交易次数不足 15 天的数据以及年交易月份不足 6 个月的股票数据，以保证识别指标估计的有效性。本章所用的数据主要包括三个部分：（1）与股票收益相关的数据，如股票收益率、无风险收益率、Fama - French 三因子（市场溢酬 $R_M - R_F$、规模因子 *SMB* 和账面市值比因子 *HML*）等。（2）与错误定价相关的数据，如股票市值、股票年末总资产、净利润、经营活动产生的现金流、资产增长率等。（3）与投资者情绪相关的数据，如新增 A 股开户数、消费者信心指数、市场市盈率、市场换手率、宏观经济景气指数等。

其中，新增 A 股开户数、市场市盈率、市场换手率、我国股市流通市值加权的 Fama - French 三因子数据以及无风险收益率数据来自锐思金融研究数据库（RESSET）。消费者信心指数和宏观经济景气指数取自中经网统计数据库。其余数据均来自国泰安 CSMAR 系列研究数据库。博彩型股票识别指标依然使用最大日收益率（*MAX*）和特质偏度（*IS*），它们的计算方法与前文相同。复合投资者情绪指标采用贝克和伍格勒（Baker and Wurgler，2006）的主成分分析法进行构建。

## 6.2　理论模型与待检验假设的提出

### 6.2.1　理论模型

本章参照布鲁纳迈耶和贝克（2005）、布鲁纳迈耶等（2007）

的研究思路，构建一个两期模型来说明投资者的行为偏差如何产生偏度偏好，进而如何导致博彩型收益，以及投资者情绪如何对博彩型收益产生影响。

假设在一个两期经济中，第 2 期有 $S$ 种可能的状态，$\pi_s$ 是状态 $s$ 的客观概率，$\hat{\pi}_s$ 是投资者对状态 $s$ 持有的主观概率。投资者在 1 期将财富配置到一系列完备的阿罗—德布鲁证券中，并在 2 期消费这一投资组合的收益。给定该投资者的主观概率 $\hat{\pi}=\{\hat{\pi}_1, \hat{\pi}_2, \cdots, \hat{\pi}_S\}$，投资者将决定自己的决策 $C=\{c_1, c_2, \cdots, c_S\}$ 以最大化其期望效用：

$$V_1 = \max_C \sum_{s=1}^{S} \hat{\pi}_s \ln(c_s)$$
$$\text{s.t.} \sum_{s=1}^{S} p_s c_s = 1, \tag{6-1}$$
$$c_s \geqslant 0$$

其中，$p_s>0$ 是状态 $s$ 下的阿罗—德布鲁证券价格，初始财富标准化为 1 单位。那么，存在唯一的最优组合选择：

$$c_s^*(\hat{\pi}) = \frac{\hat{\pi}_s}{p_s} \tag{6-2}$$

如果投资者持有理性预期，并且理性信念能够导致最优决策，从而获得最高的平均效用折现值，那么投资者会激励进行理性学习并搜集信息，以使自己的信念向客观概率逼近。然而，理性信念并不能导致最高的预期效用流折现值。这是因为，投资者可以通过持有非理性的乐观主义信念来提高 $V_1$，按照非理性信念交易可以预见到更高的平均未来效用。当然，非理性信念也是有代价的，它可能使投资者做出坏的投资决策，并获得较低的事后平均效用，即 $V_2=\ln c$。也就是说，在布鲁纳迈耶和贝克（2005）、布鲁纳迈耶等

（2007）的“最优信念”框架下，信念偏差是由经济环境内生决定的，并且投资者需要在乐观主义信念带来的好处和坏决策造成的损失之间进行权衡。

因此，投资者需要选择最优信念以最大化自己的效用水平，即 1 期和 2 期的平均预期效用：

$$\max_{\hat{\pi}}\left[\sum_{s=1}^{S}\hat{\pi}_s \ln c_s^*(\hat{\pi})+\sum_{s=1}^{S}\pi_s \ln c_s^*(\hat{\pi})\right]$$

$$\text{s.t.}\ \sum_{s=1}^{S}\hat{\pi}_s=1, \tag{6-3}$$

$$\hat{\pi}_s \geqslant 0$$

式（6－3）表示信念通过未来效用预期值直接影响投资者的福祉，并通过组合选择产生间接影响。由于 $c_s^*(\hat{\pi})$ 是主观概率的连续函数，并且概率空间是紧的，所以上述最优化问题存在最优信念解 $\hat{\pi}^*$（$0<\hat{\pi}_s^*<1$，$s=1, 2, \cdots, S$）。

式（6－3）中最优化问题的一阶条件为：

$$F.O.C\quad \frac{\pi_s}{\hat{\pi}_s}-\ln\frac{\pi_s}{\hat{\pi}_s}=\lambda-1+\ln\frac{p_s}{\pi_s},\ s=1, 2, \cdots, S \tag{6-4}$$

其中，$\lambda$ 是第一个约束条件的拉格朗日乘子。

二阶条件为：

$$S.O.C\quad \hat{\pi}_s\left[1-\frac{\pi_{s'}}{\hat{\pi}_{s'}}\right]\leqslant\hat{\pi}_{s'}\left[\frac{\pi_s}{\hat{\pi}_s}-1\right],\ s\neq s',\ s=1, 2, \cdots, S \tag{6-5}$$

其中，如果将一阶条件的两侧都表示为$\frac{\pi_s}{\hat{\pi}_s}$的函数，则一阶条件如图 6－1 所示。一阶条件的左侧是$\frac{\pi_s}{\hat{\pi}_s}$的凸函数，在$\hat{\pi}_s=\pi_s$（即理性信念）处取得最小值。一阶条件的右侧表现为一条水平线。因此，一阶条件有一个或两个解。对于二阶条件可知，如果投资者关于状态 $s'$ 的信念有向上的偏离，即$\frac{\pi_{s'}}{\hat{\pi}_{s'}}<1$，则有$\frac{\pi_s}{\hat{\pi}_s}>1$（$s\neq s'$），即投资者信念对其他状态有向下的偏离。可以证明在投资者“最优信念”下，投资者会对低概率状态表现出乐观，即对低概率状态具有向上的信念偏离，高估了该状态的概率；对高概率状态表现出悲观，具有向下的信念偏离。[①] 其中，低概率状态对应着具有特征偏度（小概率获取大收益）的证券，即表现出对偏度的偏好，致使投资者对该证券的投资多于其他证券，也多于理性预期情况下的投资，证券价格被高估。这种行为也导致偏度证券随后的收益率低于其他证券，也低于该证券在理性模型中的收益率，从而产生博彩型收益。

下面，我们继续引入投资者情绪（*Sent*），根据图 6－1 可以直观地分析情绪对博彩型收益的影响。根据贝克和沃尔格勒（2006）、方和托赫（2014），投资者情绪也反映了投资者对市场的乐观和悲观程度。因此，当投资者情绪高涨时，投资者对低概率支付的阿罗—德布鲁证券更加乐观，导致乐观解处的$\frac{\pi_s}{\hat{\pi}_s}$更小，于是点 $A$ 左移至 $A'$，这就意味着一阶条件的右侧值需要增大，水平线需要上升才能达到新的平衡点。也就是$\frac{p_s}{\pi_s}$增大，在客观概率 $\pi_s$ 不变的前提下，该证券价格 $p_s$ 上升，最终导致偏度证券的随后收益率更低。

① 具体证明可详见布鲁纳迈耶等（2007）相应的 NBER 工作论文中的附录。

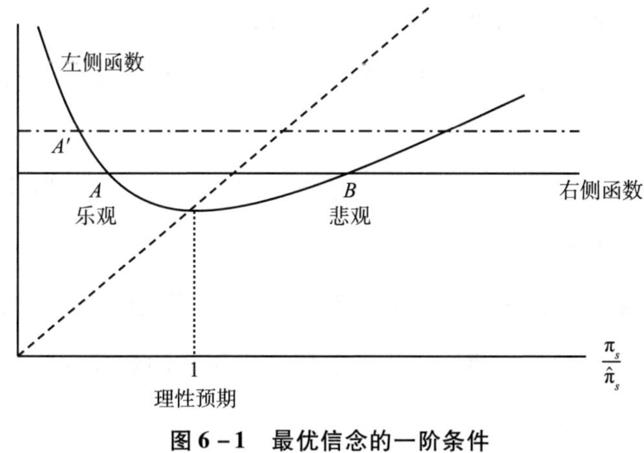


**图 6-1　最优信念的一阶条件**

### 6.2.2　待检验假设的提出

根据上述模型的分析和推导，本章提出相应的假设，并在后文进行相关的实证检验。由模型分析可知，投资者对博彩型股票的投资多于理性预期情况下的投资，投资者的偏度偏好导致博彩型股票价格被高估，最终导致博彩型股票随后的收益率低于其在理性模型中的收益率，即产生博彩型收益。基于此，我们提出以下假设：

**$H_1$：博彩型收益是由错误定价导致的，它主要出现在价格被高估的股票之中。**

引入投资者情绪之后，我们发现它将影响股票的错误定价程度，进而影响股票的收益。一方面，由于投资者情绪表征了投资者的非理性偏差，而博彩型收益是由投资者行为而导致的错误定价现象，因此博彩型收益的高低依赖于投资者情绪的高低。也就是说，当投资者情绪高涨时，股票价格被高估的程度更大，即被错误定价程度更为严重，股票随后的收益率更低。另一方面，由于博彩型收益是股票被错误定价的结果，那么如果存在博彩型收益，无论投资者情绪高低，它都主要出现在价格被高估的股票之中。据此，我们提出如下假设：

**$H_2$：无论高情绪期之后，还是低情绪期之后，博彩型收益都主要出现在价格被高估的股票之中。**

**$H_3$：高情绪期之后，价格被高估的股票获得更低的负异常收益。**

**$H_4$：高情绪期之后，博彩型股票获得更低的负异常收益，即博彩型收益更加明显。**

本章对假设 $H_1 \sim H_4$ 进行实证检验，以分析博彩型收益的成因。由于在实证分析中，一般难以直接刻画股票的错误定价程度和市场的投资者情绪，本章将采用一些常用的方法构造它们的替代变量。下面，分别对四个假设进行检验。

## 6.3　错误定价与博彩型收益

斯坦博等（2015）基于 11 种美国股票市场常见的收益率异象，构建了错误定价指数（mispricing index，MIDX），来衡量股票被错误定价的程度。这些收益率异象指的是按照某种指标（如公司规模）将股票排序后，股票表现出无法被常用定价模型（如 CAPM 模型、Fama - French 三因子模型）所解释的异常收益率。斯坦博等（2015）以特质波动率（IV）为博彩型股票的识别指标，发现高特质波动率与股票收益的负向关系只存在于价格被高估的股票之中。钟和格雷（2015）也采用了相同的思路，基于澳大利亚股票市场的

7 种常见异象构建了错误定价指数，研究以 *MAX* 为指标的博彩型股票的收益率与错误定价的关系。

本章借鉴他们的思路，构建了中国股票市场的错误定价指数，并分析中国股市博彩型收益与错误定价的关系，检验博彩型收益是否源于股票价格的高估（Brunnermeier et al.，2007；Barberis and Huang，2008）。

### 6.3.1　错误定价指数的构建

错误定价无法被直接观测，所以我们基于常见的收益率异象来测量股票的错误定价程度。根据国内外关于各种收益率异象的研究，本章选取了 5 个中国股市常见的收益率异象，具体如下：

（1）动量：动量效应（momentum effect）是指股票收益在一段时期内表现为正序列相关性。杰加迪什和特曼（Jegadeesh and Titman，1993）通过实证发现过去 3～12 个月表现较好（较差）的股票在接下来的 3～12 个月内继续表现较好（较差），利用这一现象所构建的动量组合可以获得持续的异常收益。吴世农和吴超鹏（2003）检验证实中国股市存在动量效应。王志强等（2006）则进一步发现中国股市具有与成熟市场显著不同的动量表现特征。本章采用常用的 $t-T-12$ 月至 $t-T-1$ 月之间的累积收益率来表示股票动量。

（2）价值：价值溢价（value premium）是指价值股收益率超过成长股收益率的现象。巴苏（Basu，1977）首次证明了价值股可以战胜成长股。朱宪国和何志国（2002）、王春艳和欧阳令南

(2004)、蔡海洪和吴世农(2003)、王晋斌(2004)、王程(2005)、韩其恒和于旭光(2007)等国内研究均发现中国股市具有价值效应。本章采用账面市值比来划分价值股与成长股。

(3)规模:规模效应(size effect)是指股票收益率随公司相对规模的变大而下降,规模较小的公司收益率超过市场平均水平的现象,又称为"小公司效应"(small-firm effect)。班斯(Banz, 1981)首次提出的规模效应是资产市场总最常见的异象之一。吴世农(1996)、汪炜和周宇(2002)、陈收和陈立波(2002)、刘蕾和马栋(2004)、宋献中和汤胜(2006)等一系列国内研究都证实了中国股市存在规模效应。本章使用月末流通市值来表示股票规模。

(4)应计:应计异象(accrual anomaly)由斯隆(Sloan, 1996)在美国市场首次发现。它是指应计利润与未来股票收益负相关,且利用应计利润构成股票投资组合可以获取超额收益。樊行健等(2009)、李远鹏和牛建军(2007)、宋云玲和李志文(2009)、杨开元(2013)等都对中国股市的应计异象进行了研究。本章计算应计的公式为:应计=($t$ 年净利润 $-$ $t$ 年经营活动产生的现金流)/$t-1$ 年末总资产。

(5)资产增长:库珀等(Cooper et al., 2008)国外研究发现 Fama - French 定价模型无法解释公司资产增长与股票收益之间的负向关系,而这一现象被称为"资产增长异象"(asset growth anomaly)。黄迈和董志勇(2012)、叶建华等(2012, 2013, 2014)、任爱莲(2014)等国内研究证实了中国股市资产增长异象的存在。本章使用的资产增长指标是 $t-1$ 年末至 $t$ 年末的总资产增长率。

错误定价指数在上述收益率异象的基础上进行构建,具体方法是，每个月，将所有样本股票分别按各种异象单独排序等分为 10 组。于是，每只股票在按每种异象排序分组后都得到一个在 0 至 9 之间的得分。例如，某只股票在某一异象中的得分为 9，则表示该股票的价格在该种异象中被高估的程度最大，在该异象中会获得最低的未来收益；得分 0 则表示股票在该异象中价格被低估的程度最大。将股票在各异象中的得分相加，得到股票的总分，即错误定价指数值。错误定价指数的数值越大则表示股票价格被高估的程度越大，其取值范围在 0（=0×5）至 45（=9×5）之间。

表 6－1 是对错误定价指数 *MIDX* 有效性的分析。表中第 2 列是将股票按照 *MIDX* 等分为 10 组后，各组在下一期的收益率情况。从第 1 组至第 10 组，*MIDX* 逐渐增大，即股票价格被高估的程度越来越高。股票价格被高估的程度越高，其未来收益率应该越低，表 6－1 第 2 列的结果符合这一预期。从第 1 组至第 10 组，股票收益率逐渐下降直至为负。被错误定价程度最高的两端组合的月收益率分别为 3.67%、－0.31%，它们的差异达到 3.98%，$t$ 值为 26.33，十分显著。这说明本章所构建的 *MIDX* 能够反映出股票的错误定价程度。

**表 6－1　　错误定价指数与各异象分组的收益率表现**

| 分组 | *MIDX* | *Mom* | *Value* | *Size* | *Acc* | *Asset* | 均值 |
|---|---|---|---|---|---|---|---|
| *Most underpriced* | 0.0367 | 0.0188 | 0.0525 | 0.0346 | 0.0192 | 0.0271 | 0.0304 |
| 2 | 0.0305 | 0.0219 | 0.0366 | 0.0269 | 0.0178 | 0.0205 | 0.0247 |
| 3 | 0.0250 | 0.0216 | 0.0296 | 0.0243 | 0.0178 | 0.0176 | 0.0222 |
| 4 | 0.0171 | 0.0204 | 0.0246 | 0.0218 | 0.0159 | 0.0167 | 0.0199 |
| 5 | 0.0148 | 0.0202 | 0.0196 | 0.0178 | 0.0132 | 0.0163 | 0.0174 |
| 6 | 0.0151 | 0.0207 | 0.0153 | 0.0186 | 0.0145 | 0.0135 | 0.0165 |

续表

| 分组 | *MIDX* | *Mom* | *Value* | *Size* | *Acc* | *Asset* | 均值 |
|---|---|---|---|---|---|---|---|
| 7 | 0.0083 | 0.0200 | 0.0112 | 0.0161 | 0.0147 | 0.0140 | 0.0152 |
| 8 | 0.0078 | 0.0206 | 0.0082 | 0.0156 | 0.0153 | 0.0129 | 0.0145 |
| 9 | 0.0072 | 0.0200 | 0.0051 | 0.0141 | 0.0145 | 0.0112 | 0.0130 |
| *Most overpriced* | -0.0031 | 0.0173 | -0.0010 | 0.0120 | 0.0167 | 0.0102 | 0.0111 |
| 1-10 | 0.0398<br>(26.33) | 0.0015<br>(0.92) | 0.0536<br>(33.37) | 0.0226<br>(14.34) | 0.0024<br>(1.58) | 0.0169<br>(10.87) | 0.0194<br>(12.57) |

表6-1的第3列至第7列是将股票分别按各异象指标排序分组后的收益率情况。各异象中的股票收益率都表现出，随着股票在该种异象中价格被高估程度的升高而下降。表6-1的最后一列则计算了五种异象中，在同一错误定价水平下的各分组的平均收益率。可以发现，如果将股票先按各异象指标进行分组，那么两端组合的平均月收益率分别为3.04%、1.11%，它们的差异为1.94%。与按*MIDX*分组后的两端收益率差异相比，前者比后者低2.04%（=3.98%-1.94%），这说明*MIDX*可以更好地表达出股票的错误定价程度。*MIDX*所改善的2.04%中的0.62%来自价格被低估的股票，1.42%来自价格被高估的股票，前者低于后者。斯坦博等（2015）也发现了类似的情况，并认为这种不对称性源于现实中的股票套利限制的不对称性（买入比卖空更容易）。同时，这也说明我们构建的错误指数具有有效性，能够很好地反映套利不对称性对股票错误定价的影响。

在得到错误定价指数之后，就可以对本章提出的假设 $H_1$ 进行检验。将所有样本股票分别按照*MIDX*和*MAX*单独等分为5组，从而形成25个组合。然后，考察不同错误定价水平下，具有不同程度博彩特性的组合的平均 *MAX* 值、原始收益率和异常收益率。

### 6.3.2　实证结果

表6－2是分别按 *MIDX* 和 *MAX* 进行5等分形成的25个组合的平均 *MAX* 值。由表6－2可以发现几个规律：（1）在不同的错误定价水平，组合的平均 *MAX* 值非常相似；（2）由最后一列可以看出，对于整体而言，组合的平均 *MAX* 值随错误定价水平的变化呈现单调递增的趋势，即价格被高估的股票的平均 *MAX* 值更大，价格被低估的股票的平均 *MAX* 值更小。这说明博彩型股票主要出现在价格被高估的股票之中。一方面，根据贝克和沃尔格勒（2006）、布鲁纳迈耶等（2007），高 *MAX* 股票更容易受到噪声交易的乐观或悲观情绪的影响。另一方面，由于套利的不对称性，投资者对高 *MAX* 股票的乐观情绪更容易通过交易进行表达。这两方面的原因导致了高 *MAX* 股票的价格更可能被高估。

**表6－2　　　　错误定价与组合 *MAX* 均值**

| *MIDX* | *L－MAX* | 2 | 3 | 4 | *H－MAX* | *All* |
|---|---|---|---|---|---|---|
| *Most underpriced* | 0.0217 | 0.0307 | 0.0379 | 0.0468 | 0.0646 | 0.0376 |
| 2 | 0.0224 | 0.0304 | 0.0372 | 0.0457 | 0.0641 | 0.0391 |
| 3 | 0.0233 | 0.0307 | 0.0374 | 0.0459 | 0.0644 | 0.0403 |
| 4 | 0.0239 | 0.0311 | 0.0371 | 0.0459 | 0.0646 | 0.0416 |
| *Most overpriced* | 0.0246 | 0.0313 | 0.0374 | 0.0458 | 0.0660 | 0.0435 |
| *All* | 0.0232 | 0.0308 | 0.0374 | 0.0460 | 0.0647 | 0.0415 |

表 6－3 和表 6－4 分别是 25 个组合的原始收益率和异常收益率。从原始收益率来看：（1）对于价格被高估程度最大的股票而言，组合的收益率最低。更重要的是，组合收益率随 *MAX* 的增加而严格单调递减，低 *MAX* 组合和高 *MAX* 组合的收益率之差达到 1.37%。（2）对于其他错误定价水平的股票，特别是价格被低估程度最大的股票而言，组合的收益率没有随 *MAX* 的变化而严格单调变化。这一点与斯坦博等（2015）、钟和格雷（2015）等国外研究不同。他们发现价格被低估股票的收益率随 *MAX* 的递增而严格单调递增，即与价格被高估股票的收益率变化趋势恰好完全相反。表 6－3 显示无论何种错误定价水平下，高 *MAX* 股票的收益率都低于低 *MAX* 股票。

**表 6－3　　错误定价与组合原始收益率（*MAX*）**

| *MIDX* | *L－MAX* | 2 | 3 | 4 | *H－MAX* | *L－H* | *All* |
|---|---|---|---|---|---|---|---|
| *Most underpriced* | 0.0346 | 0.0409 | 0.0360 | 0.0331 | 0.0261 | 0.0086<br>(3.28) | 0.0341 |
| 2 | 0.0244 | 0.0259 | 0.0242 | 0.0201 | 0.0128 | 0.0116<br>(4.77) | 0.0215 |
| 3 | 0.0183 | 0.0207 | 0.0190 | 0.0128 | 0.0034 | 0.0149<br>(6.39) | 0.0148 |
| 4 | 0.0121 | 0.0135 | 0.0094 | 0.0055 | －0.0020 | 0.0141<br>(6.13) | 0.0077 |
| *Most overpriced* | 0.0065 | 0.0036 | 0.0031 | 0.0005 | －0.0072 | 0.0137<br>(6.02) | 0.0013 |
| 1－5 | 0.0281<br>(12.59) | 0.0373<br>(15.55) | 0.0329<br>(13.75) | 0.0326<br>(13.28) | 0.0333<br>(12.52) | | |
| *All* | 0.0192 | 0.0209 | 0.0183 | 0.0144 | 0.0066 | | |

**表 6-4　　　　错误定价与组合异常收益率（*MAX*）**

| *MIDX* | *L-MAX* | 2 | 3 | 4 | *H-MAX* | *L-H* | *All* |
|---|---|---|---|---|---|---|---|
| *Most underpriced* | 0.0191<br>(13.01) | 0.0208<br>(13.64) | 0.0177<br>(12.73) | 0.0149<br>(11.03) | 0.0096<br>(6.47) | 0.0095<br>(6.32) | 0.0158<br>(24.09) |
| 2 | 0.0104<br>(8.03) | 0.0085<br>(6.87) | 0.0086<br>(6.92) | 0.0047<br>(3.52) | -0.0043<br>(-2.98) | 0.0147<br>(11.09) | 0.0053<br>(8.83) |
| 3 | 0.0008<br>(0.77) | 0.0037<br>(3.38) | 0.00070<br>(0.63) | -0.0023<br>(-1.75) | -0.0112<br>(-7.69) | 0.0120<br>(11.03) | -0.0017<br>(-2.99) |
| 4 | -0.0013<br>(-1.34) | -0.0017<br>(-1.55) | -0.0055<br>(-4.65) | -0.0091<br>(-7.11) | -0.0178<br>(-11.73) | 0.0165<br>(10.45) | -0.0067<br>(-12.40) |
| *Most overpriced* | -0.0086<br>(-10.53) | -0.0118<br>(-11.82) | -0.0134<br>(-11.74) | -0.0175<br>(-13.75) | -0.0239<br>(-15.39) | 0.0153<br>(10.23) | -0.0141<br>(-28.29) |
| 1-5 | 0.0277<br>(15.91) | 0.0326<br>(16.27) | 0.0311<br>(16.15) | 0.0324<br>(16.24) | 0.0335<br>(16.45) | | |
| *All* | 0.0039<br>(7.10) | 0.0046<br>(8.32) | 0.0024<br>(4.17) | -0.0009<br>(-1.47) | -0.0074<br>(-10.49) | | |

更重要的是表 6-4 所列示的异常收益率，它是由原始收益率经 Fama-French 三因子调整得到的估计值 $\alpha$：

$$R_{i,t}-R_{f,t}=\alpha+\beta_{R_M-R_f}(R_{M,t}-R_{f,t})+\beta_{SMB}SMB_t+\beta_{HML}HML_t+\varepsilon_{i,t} \tag{6-6}$$

由表 6-4 可知：（1）价格被高估程度最大的股票均表现出负异常收益率，并且随着 *MAX* 的增加，股票获得严格递增的负异常收益率。（2）价格被低估程度最大的股票均表现出正异常收益。即使是 *MAX* 值最大的组合，也没有表现出负异常收益。（3）与表 6-3 类似的是，价格被低估股票的异常收益率并不随 *MAX* 的变化而严格单调变化。图 6 - 2 更为直观地展现了异常收益率的变化情况。这些规律证实了本章的假设 $H_1$，价格被低估程度最大的股票中不存在博彩型收益，博彩型收益主要出现在价格被高估的股票之中。这一结果也证实了布鲁纳迈耶等（2007）、巴伯里和黄（2008）等研究的观点，即博彩型股票由于价格被高估而获得负异常收益。

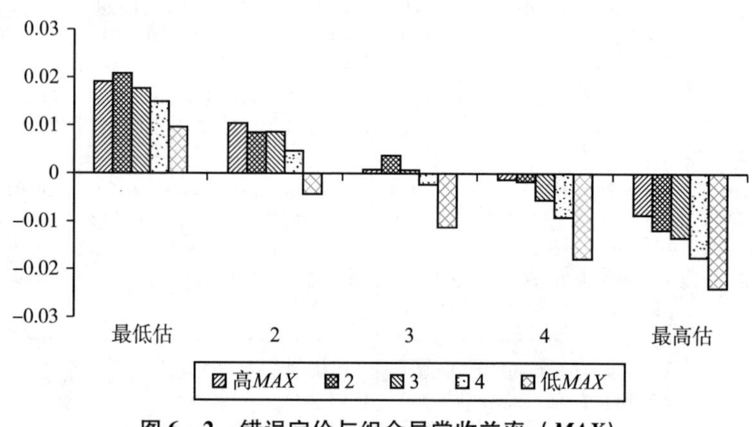


**图 6 - 2　错误定价与组合异常收益率（*MAX*）**

## 6.4　投资者情绪与博彩型收益

本章在 6.3 节的研究表明，博彩型收益主要出现在价格被高估的股票之中。那么，这一现象的深层原因是什么？博彩型收益在何种情况下更明显？从投资者情绪的视角对博彩型收益进行进一步分析，检验 6.3.2 节提出的其余三个假设。

### 6.4.1　投资者情绪指标的构建

投资者情绪指标主要分为主观指标和客观指标两类：前者具有主观性和事前性等特点，它是通过问卷等形式对投资者关于未来市场行情预期或看法进行直接调查，并形成投资者情绪的主观或直接指标，包括投资者信心指数、好淡指数、消费者信心指数等；后者则是采用市场交易数据构成客观或间接指标，从事后的角度间接、侧面地反映投资者的心理情绪，包括封闭式基金折价率、市盈率、IPO 发行量及首日收益等。

自贝克和沃尔格勒（2006）构建了一个投资者情绪复合指标（一般称为 BW 指数）之后，越来越多的文献采用复合指标的衡量方法。贝克和沃尔格勒（2006）基于封闭基金折价率、换手率、IPO 发行量、IPO 首日收益率、股权发行份额和股利溢价 6 个单一指标，通过主成分分析法构建了一个复合指标，并控制了宏观经济变量对投资者情绪的影响。复合指标的好处在于，它综合展现了多种单一指标所包含的情绪信息，因而能够比单一指标更全面、真实地反映投资者的心理变化。易志高和茅宁（2009）对 BW 指标进行了改进，从而更适合描述中国股票市场的情绪变化。他们的改进体现在三个方面：（1）增加直接指标。（2）BW 指标是年度指标，但鉴于中国股市投资者的经验比较缺乏，非理性行为较多，他们构建了月度指标。（3）选取更恰当的主成分，以提高累积方差解释率。易志高和茅宁（2009）选取的单一指标包括封闭式基金折价、交易量、IPO 数量及上市首日收益、新增投资者开户数和消费者信心指数。

本章沿用贝克和沃尔格勒（2006）、易志高和茅宁（2009）等研究的思想，构建投资者情绪的月度复合指标。不过，易志高和茅宁（2009）选取的单一指标存在一些局限性，如 IPO 发行量和首日收益率数据不具有连续性，个别年份连续多月没有数据。又如，很多研究发现封闭式基金折价并不是合适的投资者情绪指标（Chen et al.，1993；Brown and Cliff，2004；杨墨竹，2012）。综合考虑多种指标的适用性、有效性和可得性，本章最终选择了新增 A 股开户数、消费者信心指数、市场市盈率和市场换手率四个单一指标来构建复合情绪指标。

（1）新增 A 股开户数：该指标体现了场外人群的市场情绪。由于本章的样本主要针对 A 股市场，故选择新增 A 股开户数。该指标越大表示市场情绪越高。

（2）消费者信心指数：虽然从理论上来说，投资者信心指数应该比该指标更好地反映资本市场投资者的情绪变化，但其数据发布较晚（易志高和茅宁，2009）。另外，很多研究表明消费者信心指数也能够较好地衡量投资者情绪（如薛斐，2005；易志高和茅宁，2009；杨墨竹，2013），因此本章选用了消费者信心指数。

（3）市场市盈率：该指标体现了市场估值水平的高低，也间接地反映了投资者情绪的变化。因此，本章将 A 股平均市盈率作为投资者情绪的指标之一。

（4）市场换手率：与新增开户数相对应，市场换手率是场内投资者情绪的体现。该指标越大，说明股市交易越频繁，市场情绪水平越高。本章使用的是 A 股市场流通市场加权的月度换手率。

在上述四种单一指标的基础上，采用主成分分析法构建复合情绪指标，具体方法如下：

（1）由于不同单一指标对投资者情绪的反映可能存在时间上的“提前”与“滞后”关系（Baker and Wurgler，2006），本章对4个指标及其滞后变量进行主成分分析，初步构建一个含有8个变量的投资者情绪指数 $sent_{0t}$。主成分分析严格遵守累计方差解释至少达到85%的标准。结果显示前3个主成分的累计方差为87.27%，超过了85%。因此选取前3个主成分进行加权平均得到情绪指数 $sent_{0t}$。

（2）分析情绪指数 $sent_{0t}$ 与4个变量及其滞后变量的相关性。根据各变量与 $sent_{0t}$ 的相关性大小，筛选出每对当期变量与滞后变量中相关性较大的一个，作为构建复合情绪指标的最终单一指标。$sent_{0t}$ 与4个变量及其滞后变量的相关系数如表6-5所示。根据表6-5，最终选出的4个单一指标是 $Open_{t-1}$、$CCI_{t-1}$、$Turn_{t-1}$、$PE_t$。

**表6-5　$sent_{0t}$ 与8个变量的相关性分析结果**

| 变量 | $Open_t$ | $Open_{t-1}$ | $CCI_t$ | $CCI_{t-1}$ | $Turn_t$ | $Turn_{t-1}$ | $PE_t$ | $PE_{t-1}$ |
|---|---|---|---|---|---|---|---|---|
| $sent_{0t}$ | 0.7934 | 0.7556 | 0.3440 | 0.3555 | 0.8584 | 0.8755 | 0.5921 | 0.5493 |

（3）鉴于股票市场中的这些变量可能会受到宏观经济的影响，本章在构建最终的投资者情绪时，需要剔除这一影响。有些研究选取的宏观经济变量包括消费价格指数、工业品出厂价格指数、工业增加值和宏观经济景气指数，并对这些变量进行正交化处理。不过，从指标含义来看，宏观经济景气指数的计算中已经考虑了生产和消费的影响（蒋玉梅和王明照，2010；杨墨竹，2012）。因此，

本章采用宏观经济一致景气指数作为经济基本因素的代理变量。将所选取的4个变量分别对宏观经济一致景气指数进行回归，再对所得到的残差序列进行主成分分析，最终得到投资者情绪指标 $sent_t$。根据主成分分析结果，前3个主成分的累计方差解释已经达到90.38%，超过了85%。因此，选取前3个主成分进行加权平均得到情绪指标 $sent_t$。

至此，我们已经构建了投资者情绪复合指标，下面将对投资者情绪与博彩型收益的关系进行检验。

### 6.4.2 实证结果

表6-6是在不同投资者情绪时期之后，博彩型股票、非博彩型股票和其他股票的异常收益率情况，它是由原始收益率经 Fama-French 三因子调整得到的估计值 $\alpha$：

$$R_{i,t}-R_{f,t}=\alpha_H d_{sent_t}+\alpha_L(1-d_{sent_t})+\beta_{R_M-R_f}(R_{M,t}-R_{f,t})+\beta_{SMB}SMB_t+\beta_{HML}HML_t+\varepsilon_{i,t} \quad (6-7)$$

本章将 $sent_t$ 大于样本期内情绪指数中位数的月份定义为"高投资者情绪时期"，将其余时期定义为"低投资者情绪时期"。由虚拟变量 $d_{sent_t}$ 表示，在高情绪期，$d_{sent_t}$ 等于1，在低情绪期，$d_{sent_t}$ 等于0。我们发现：

（1）无论是博彩型股票、非博彩型股票，还是其他股票，它们在高情绪期之后的异常收益率普遍低于低情绪之后的异常收益率（表6-6的第2列和第3列）。从全部样本股票来看，也是如此。在低情绪期之后，股票在样本期内获得了0.30%的正异常收益；在高情绪期之后，股票在样本期内获得了 -0.10% 的负异常收益。这是因为，若前期情绪高涨时，投资者对股市普遍持有乐观预期。投资者的乐观情绪将激发股票价格的上涨，当情绪需求下降之后，股票收益也会下降。若前期投资者情绪较低，则股票收益会有相反的变化。

**表6-6　　投资者情绪与组合异常收益率（*MAX*）**

| 组合 | $L-sent_t$ | $H-sent_t$ | $L_s-H_s$ | *All* |
|---|---|---|---|---|
| *L-MAX* | 0.0059<br>(8.12) | 0.0060<br>(5.87) | -0.0001<br>(0.11) | 0.0039<br>(6.59) |
| 2 | 0.0071<br>(9.62) | 0.0042<br>(4.06) | 0.0029<br>(3.17) | 0.0045<br>(7.51) |
| 3 | 0.0054<br>(6.85) | 0.0008<br>(0.74) | 0.0046<br>(4.23) | 0.0025<br>(3.98) |
| 4 | 0.0026<br>(3.00) | -0.0049<br>(-4.42) | 0.0075<br>(6.24) | -0.0011<br>(-1.70) |
| *H-MAX* | -0.0059<br>(-6.01) | -0.0112<br>(-8.74) | 0.0053<br>(5.34) | -0.0076<br>(-10.00) |
| $L_M-H_M$ | 0.0118<br>(4.35) | 0.0172<br>(4.79) | | 0.0115<br>(3.68) |
| *All* | 0.0030<br>(8.16) | -0.0010<br>(-2.10) | 0.0040<br>(5.67) | 0.0004<br>(1.44) |

（2）第2列和第3列显示，无论在何种情绪期之后，博彩型股票都获得负异常收益，而非博彩型股票都获得正异常收益。另外，对比“$L_M-H_M$”在不同情绪期之后的表现可知，在高情绪期之后，

博彩型股票与非博彩型股票的收益率差异更大。

（3）重点考察第4列数据，它列示了不同情绪期后，各类股票的收益变化情况。非博彩型股票在不同情绪时期的异常收益率变化很小，分别为0.59%和0.60%，差异并不显著。与非博彩型股票相比，博彩型股票在不同情绪时期的异常收益率变化较大，博彩型股票在高情绪之后的收益率远远小于低情绪期之后的收益率。博彩型股票在高低情绪期之后的异常收益率分别为-1.12%和-0.59%，差异达到0.53%，十分显著。这也证实了本章的假设 $H_4$，即博彩型收益在高情绪期之后更加明显。另外，我们在第4章曾发现博彩特性的强弱变化与市场走势相反。鉴于投资者情绪能够很好地反映市场收益情况（Baker and Wurgler，2006；易志高和茅宁，2009），我们认为博彩特性与市场走势的关系可能是由投资者情绪造成的。

本章的6.3节已经证实博彩型收益主要出现在价格被高估的股票之中。本节又分析了投资者情绪如何影响博彩型收益。下面，我们进一步分析情绪、错误定价与博彩型收益三者之间的关系。首先，将所有样本股票分别按错误定价指数 *MIDX* 和 *MAX* 进行5等分，共形成25个组合。然后，计算这25个组合在高投资者情绪时期和低投资者情绪时期之后的异常收益率，结果如表6-7所示。

根据表6-7可以发现：（1）无论在高情绪期，还是低情绪期之后，价格被低估程度最高的股票都获得正异常收益，而博彩型收益主要出现在价格被高估的股票之中，实证了本章的假设 $H_2$。

（2）25个组合中的大部分组合都表现出高情绪期之后的收益率小于低情绪期之后的收益率。特别是价格被高估的股票，它们在高情绪期之后的收益率远远小于低情绪期之后的收益率。具体而言，

**表6-7　投资者情绪、错误定价与组合异常收益率（*MAX*）**

| $sent_t$ | MIDX | L-MAX | 2 | 3 | 4 | H-MAX |
|---|---|---|---|---|---|---|
| $L-sent_t$ | Most underpriced | 0.0214<br>(9.61) | 0.0175<br>(8.86) | 0.0165<br>(8.17) | 0.0154<br>(7.73) | 0.0072<br>(3.27) |
| | 2 | 0.0120<br>(6.48) | 0.0115<br>(6.53) | 0.0098<br>(5.50) | 0.0072<br>(3.70) | -0.0011<br>(-0.52) |
| | 3 | 0.0060<br>(3.89) | 0.0096<br>(6.17) | 0.0067<br>(3.98) | -0.0011<br>(-0.61) | -0.0107<br>(-5.19) |
| | 4 | 0.0032<br>(2.36) | 0.0034<br>(2.27) | 0.0011<br>(0.66) | -0.0030<br>(-1.66) | -0.0156<br>(-6.84) |
| | Most overpriced | -0.0041<br>(-3.75) | -0.0049<br>(-3.52) | -0.0089<br>(-5.87) | -0.0094<br>(-5.18) | -0.0179<br>(-7.98) |
| $H-sent_t$ | Most underpriced | 0.0191<br>(7.37) | 0.0266<br>(9.04) | 0.0196<br>(7.49) | 0.0123<br>(4.93) | 0.0098<br>(3.57) |
| | 2 | 0.0122<br>(5.17) | 0.0078<br>(3.38) | 0.0087<br>(3.75) | 0.0035<br>(1.43) | -0.0090<br>(-3.35) |
| | 3 | -0.0001<br>(-0.05) | -0.0009<br>(-0.44) | -0.0049<br>(-2.18) | -0.0041<br>(-1.64) | -0.0124<br>(-4.58) |
| | 4 | -0.0029<br>(-1.60) | -0.0049<br>(-2.42) | -0.0097<br>(-4.37) | -0.0150<br>(-6.30) | -0.0236<br>(-8.86) |
| | Most overpriced | -0.0114<br>(-7.10) | -0.0191<br>(-10.46) | -0.0161<br>(-7.40) | -0.0243<br>(-10.55) | -0.0301<br>(-10.98) |

在低情绪期之后，价格被高估的股票随*MAX*的增加而获得的异常收益率分别为-0.41%、-0.49%、-0.89%、-0.94%和-1.79%；在高情绪之后，价格被高估的股票随*MAX*的增加而获得的异常收益率分别为-1.14%、-1.91%、-1.61%、-2.43%和

-3.01%。这说明在高情绪期股票价格被高估的程度更大，股票随后的收益就会更低。价格被低估的股票有所不同，它们有的在不同情绪期之后的收益率差异相对较小。这可能是与套利的不对称性有关。图6-3直观地展现了这一规律。在高情绪期之后，价格被高估的股票与价格被低估的股票之间的收益率差异也更大，而这一结果主要是由价格被高估股票的“坏表现”造成的。总之，表6-7的分析结果证实了本章的假设 $H_3$，即相比于低情绪期，价格被高估的股票在高情绪期之后，获得更低的负异常收益。

（3）与表6-6相同，表6-7也显示博彩型股票在高情绪期之后，获得更低的负异常收益，博彩型收益更加明显，即再次证实了假设 $H_4$。而且表6-7更进一步地展现了这一结果的深层逻辑。首先，由于博彩型收益出现在价格被高估的股票中，所以上述结论只在价格被高估的股票中成立。其次，股票价格被高估的程度越大，上述结论越明显。也就是说，价格被高估程度越大的博彩型股票，相比于低情绪期，它在高情绪期之后的负异常收益就越低。以具体的数值来说明，对于 $MIDX=4$ 的博彩型股票，它在低情绪期之后的异常收益率为-1.56%，在高情绪期之后的异常收益率为-2.36%，两者相差0.80%。对于 $MIDX=5$ 的博彩型股票，其价格被高估的程度最大，它在低情绪期之后的异常收益率为-1.79%，在高情绪期之后的异常收益率为-3.01%，两者相差1.22%，大于0.80%。综上可知，博彩型收益在高情绪期之后更明显确实是由于博彩型股票在高情绪期价格被高估的程度更大。

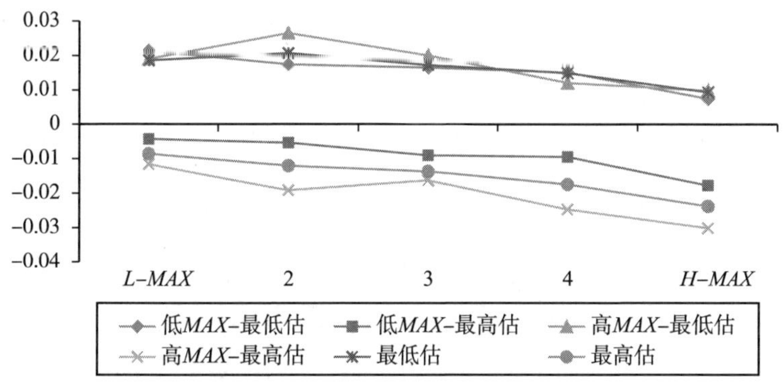


**图 6－3　投资者情绪、错误定价与组合异常收益率（*MAX*）**

## 6.5　稳健性检验

为了保证本章的实证结果不受博彩识别指标选择的影响，我们使用 *IS* 再次进行了相关分析。

### 6.5.1　错误定价与博彩型收益

表 6－8 是分别按 *MIDX* 和 *IS* 进行 5 等分，形成 25 个组合的平均 *IS* 值。与表 6－2 发现的规律一致：（1）控制 *IS* 水平之后，在不同的错误定价水平，组合的平均 *IS* 值非常相似；（2）对于整体而言，组合的平均 *IS* 值随错误定价水平的变化呈现单调递增的趋势，即价格被高估的股票的 *IS* 值更大。这说明高 *IS* 的博彩型股票主要出现在价格被高估的股票之中。

**表 6-8　　错误定价与组合 *IS* 均值**

| *MIDX* | *L-IS* | 2 | 3 | 4 | *H-IS* | *All* |
|---|---|---|---|---|---|---|
| *Most underpriced* | -0.2363 | 0.4523 | 0.8300 | 1.1967 | 1.9228 | 0.7666 |
| 2 | -0.2011 | 0.4706 | 0.8331 | 1.2001 | 1.8593 | 0.8085 |
| 3 | -0.1955 | 0.4712 | 0.8288 | 1.1800 | 1.8163 | 0.8246 |
| 4 | -0.1930 | 0.4906 | 0.8361 | 1.1890 | 1.8062 | 0.8583 |
| *Most overpriced* | -0.1964 | 0.5009 | 0.8342 | 1.1723 | 1.7719 | 0.8977 |
| *All* | -0.2045 | 0.4771 | 0.8324 | 1.1876 | 1.8353 | 0.8432 |

表 6-9 和表 6-10 分别是 25 个组合的原始收益率和异常收益率。从原始收益率来看，无论何种错误定价水平下，博彩型股票的收益率都低于非博彩型股票的收益率。这一点与 *MAX* 的检验结果一致。

**表 6-9　　错误定价与组合原始收益率（*IS*）**

| *MIDX* | *L-IS* | 2 | 3 | 4 | *H-IS* | *L-H* | *All* |
|---|---|---|---|---|---|---|---|
| *Most underpriced* | 0.0411 | 0.0379 | 0.0341 | 0.0303 | 0.0270 | 0.0142<br>(5.35) | 0.0341 |
| 2 | 0.0257 | 0.0232 | 0.0203 | 0.0207 | 0.0164 | 0.0093<br>(3.81) | 0.0215 |
| 3 | 0.0162 | 0.0178 | 0.0144 | 0.0122 | 0.0141 | 0.0020<br>(0.90) | 0.0148 |
| 4 | 0.0082 | 0.0102 | 0.0066 | 0.0078 | 0.0072 | 0.0010<br>(0.43) | 0.0077 |
| *Most overpriced* | 0.0059 | 0.0036 | -0.0003 | -0.0028 | 0.0026 | 0.0033<br>(1.63) | 0.0013 |

续表

| MIDX | L - IS | 2 | 3 | 4 | H - IS | L - H | All |
|---|---|---|---|---|---|---|---|
| 1 - 5 | 0.0352<br>(14.63) | 0.0346<br>(7.06) | 0.0344<br>(14.36) | 0.0330<br>(13.44) | 0.0243<br>(10.51) | | |
| All | 0.0224 | 0.0232 | 0.0198 | 0.0181 | 0.0173 | | |

**表6 - 10　　　　错误定价与组合异常收益率（IS）**

| MIDX | L - IS | 2 | 3 | 4 | H - IS | All |
|---|---|---|---|---|---|---|
| Most underpriced | 0.0216<br>(13.53) | 0.0208<br>(14.25) | 0.0155<br>(10.79) | 0.0130<br>(8.72) | 0.0104<br>(7.58) | 0.0158<br>(24.09) |
| 2 | 0.0105<br>(7.81) | 0.0077<br>(5.75) | 0.0038<br>(2.94) | 0.0047<br>(3.52) | 0.0000<br>(0.01) | 0.0053<br>(8.83) |
| 3 | 0.0025<br>(2.01) | 0.0018<br>(1.49) | -0.0027<br>(-2.14) | -0.0047<br>(-3.69) | -0.0053<br>(-4.31) | -0.0017<br>(-2.99) |
| 4 | -0.0027<br>(-2.31) | -0.0026<br>(-2.20) | -0.0075<br>(-6.16) | -0.0099<br>(-7.61) | -0.0115<br>(-9.73) | -0.0067<br>(-12.40) |
| Most overpriced | -0.0100<br>(-10.08) | -0.0129<br>(-11.07) | -0.0156<br>(-13.54) | -0.0183<br>(-15.58) | -0.0192<br>(-15.96) | -0.0141<br>(-28.29) |
| All | 0.0040<br>(6.66) | 0.0040<br>(6.70) | -0.0002<br>(-0.25) | -0.0019<br>(-3.17) | -0.0033<br>(-5.58) | |

更需要关注的是表6 - 10所列示的异常收益率情况。（1）价格被高估程度最大的股票均表现出负异常收益率，并且随着股票博彩特性的增加，股票获得严格递增的负异常收益率。（2）价格被低估程度最大的股票均表现出正异常收益。即使是博彩型股票，也没有表现出负异常收益。图6 - 4更为直观地展现了异常收益率的变化情

况。*IS* 的分析结果也证实了本章的假设 $H_1$，价格被低估程度最大的股票中不存在博彩型收益，博彩型收益主要出现在价格被高估的股票之中。

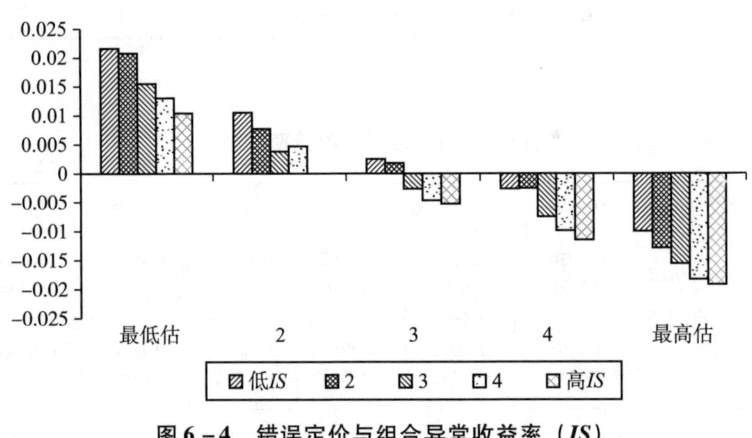


**图 6－4　错误定价与组合异常收益率（*IS*）**

## 6.5.2　投资者情绪与博彩型收益

表 6－11 是在不同投资者情绪时期，按照 *IS* 识别出的博彩型股票、非博彩型股票和其他股票的异常收益率情况。（1）无论是博彩型股票、非博彩型股票，还是其他股票，它们在高情绪期之后的收益率普遍小于低情绪之后的收益率。（2）博彩型股票在不同情绪期都获得了负的异常收益，而非博彩型股票都获得了正的异常收益。（3）重点考察第 4 列数据，与 *MAX* 实证结果相同的是，博彩型股票在高情绪之后的收益率小于低情绪期之后的收益率。博彩型股票在高低情绪期之后的异常收益率分别为 －0.50％ 和 －0.17％，差异达到 0.33％。这也证实了本章的假设 $H_4$，即博彩型收益在高情绪

期之后更加明显。不过，与 *MAX* 实证结果不同的是，与非博彩型股票相比，博彩型股票在高低情绪期之后的收益率差异并没有更大。

**表 6 - 11　　　　投资者情绪与组合异常收益率（*IS*）**

| 组合 | $L - sent_t$ | $H - sent_t$ | $L_s - H_s$ | All |
| --- | --- | --- | --- | --- |
| *L - IS* | 0.0063<br>(7.83) | 0.0021<br>(1.88) | 0.0032<br>(2.35) | 0.0040<br>(6.05) |
| 2 | 0.0061<br>(7.39) | 0.0018<br>(1.66) | 0.0043<br>(3.76) | 0.0040<br>(6.10) |
| 3 | 0.0022<br>(2.69) | -0.0020<br>(-1.97) | 0.0042<br>(3.73) | -0.0005<br>(-0.72) |
| 4 | 0.0011<br>(1.33) | -0.0040<br>(-3.57) | 0.0051<br>(3.91) | -0.0021<br>(-3.15) |
| *H - IS* | -0.0017<br>(-2.13) | -0.0050<br>(-4.68) | 0.0033<br>(2.37) | -0.0034<br>(-5.21) |
| $L_I - H_I$ | 0.0070<br>(8.99) | 0.0081<br>(5.23) | | 0.0074<br>(7.01) |
| *All* | 0.0030<br>(8.16) | -0.0010<br>(-2.10) | 0.0040<br>(5.67) | 0.0004<br>(1.44) |

本节继续分析投资者情绪、错误定价与博彩型收益三者之间的关系。我们将所有样本股票分别按错误定价指数 *MIDX* 和 *IS* 进行 5 等分，共形成 25 个组合。然后，计算这 25 个组合在高投资者情绪时期和低投资者情绪时期之后的异常收益率，结果如表 6 - 12 所示。

**表 6-12 投资者情绪、错误定价与组合异常收益率（*IS*）**

| $sent_t$ | *MIDX* | *L-IS* | 2 | 3 | 4 | *H-IS* |
|---|---|---|---|---|---|---|
| $L-sent_t$ | *Most underpriced* | 0. 0223<br>(9. 22) | 0. 0200<br>(9. 00) | 0. 0136<br>(6. 66) | 0. 0124<br>(5. 68) | 0. 0089<br>(4. 80) |
| | 2 | 0. 0148<br>(7. 47) | 0. 0113<br>(5. 61) | 0. 0045<br>(2. 46) | 0. 0073<br>(3. 91) | 0. 0014<br>(0. 74) |
| | 3 | 0. 0083<br>(4. 70) | 0. 0036<br>(2. 18) | 0. 0027<br>(1. 54) | -0. 0010<br>(-0. 61) | -0. 0031<br>(-1. 70) |
| | 4 | 0. 0009<br>(0. 54) | 0. 0036<br>(2. 18) | -0. 0022<br>(-1. 33) | -0. 0050<br>(-2. 63) | -0. 0065<br>(-3. 93) |
| | *Most overpriced* | -0. 0040<br>(-3. 08) | -0. 0070<br>(-4. 38) | -0. 0099<br>(-6. 31) | -0. 0125<br>(-7. 63) | -0. 0093<br>(-5. 81) |
| $H-sent_t$ | *Most underpriced* | 0. 0214<br>(7. 15) | 0. 0215<br>(7. 92) | 0. 0166<br>(6. 40) | 0. 0124<br>(4. 55) | 0. 0142<br>(5. 45) |
| | 2 | 0. 0087<br>(3. 54) | 0. 0050<br>(2. 10) | 0. 0039<br>(1. 61) | 0. 0044<br>(1. 72) | -0. 0004<br>(-0. 16) |
| | 3 | -0. 0029<br>(-1. 30) | -0. 0010<br>(-0. 45) | -0. 0078<br>(-3. 37) | -0. 0061<br>(-2. 50) | -0. 0053<br>(-2. 30) |
| | 4 | -0. 0044<br>(-2. 00) | -0. 0090<br>(-4. 22) | -0. 0107<br>(-4. 62) | -0. 0151<br>(-6. 72) | -0. 0156<br>(-7. 09) |
| | *Most overpriced* | -0. 0154<br>(-8. 11) | -0. 0184<br>(-8. 57) | -0. 0221<br>(-10. 37) | -0. 0246<br>(-11. 53) | -0. 0182<br>(-8. 68) |

根据表 6-12 可以发现：（1）无论在高情绪期，还是低情绪期之后，价格被低估程度最高的股票都获得正异常收益，而博彩型收益主要出现在价格被高估的股票之中，实证了本章的假设 $H_2$。

（2）25 个组合中的大部分组合都表现出高情绪期之后的收益率

低于低情绪期之后的收益率。特别是价格被高估的股票，它们在高情绪之后表现出远低于低情绪期的负异常收益率。图 6－5 直观地展示了这一规律。与 *MAX* 指标下的情况相同，相比于低情绪期，在高情绪期之后，价格被低估股票的收益率变化不大，而价格被高估股票的收益率大幅下降。总之，表 6－12 的分析结果也证实了本章的假设 $H_3$，即相比于低情绪期，价格被高估的股票在高情绪期之后，获得更低的负异常收益。

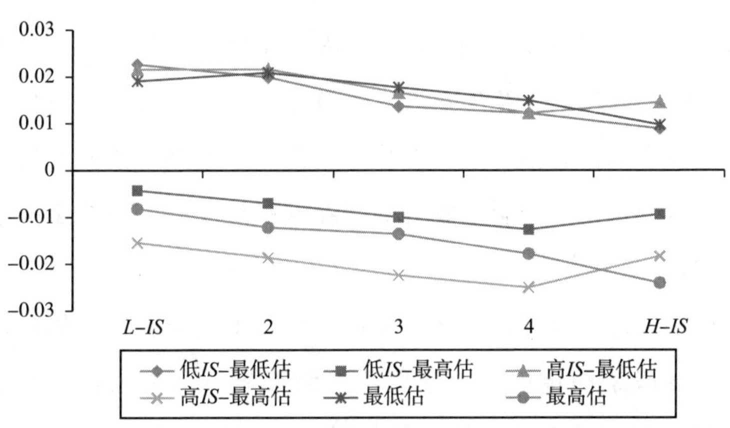


**图 6－5　投资者情绪、错误定价与组合异常收益率（*IS*）**

（3）与表 6－11 相同，表 6－12 也显示博彩型股票在高情绪期之后，获得更低的负异常收益，博彩型收益更加明显，即再次证实了假设 $H_4$。而且与 *MAX* 的实证结果相同的是，由于博彩型收益出现在价格被高估的股票中，所以上述结论只在价格被高估的股票中成立。不过，与 *MAX* 不同的是，随着价格被高估程度的提高，博彩型股票在高低情绪期之后的收益率差异变化不大。尽管如此，我们仍然可以发现博彩型收益在高情绪期之后更明显，说明这一现象是由价格被高估的股票产生的。

## 6.6 本章小结

本章从行为金融学的视角对博彩型收益的成因作了进一步检验。一方面，根据行为金融学的“偏度偏好假说”和本书第5章的检验结果可知，博彩型收益可能是由错误定价（其价格被高估）导致的。另一方面，根据方和托赫（2014）、贝克和沃尔格勒（2006）等研究，投资者情绪会影响博彩型股票价格被高估的程度，进而影响博彩型收益的产生。因此，本章基于投资者情绪的错误定价分析，为博彩型收益的存在性提供了一个行为金融学视角的解释。

本章首先通过理论推导和分析，说明了投资者情绪如何影响收益正偏股票的错误定价程度，进而影响博彩型收益。根据理论分析，本章提出可供检验的假设，并在后文对这些假设一一进行检验。然后，本章构建了错误定价指数，以分析博彩型收益与错误定价的关系，检验博彩型收益是否源于股票价格的高估。最后，在检验博彩型收益与错误定价关系的基础上，进一步引入投资者情绪，分析投资者情绪对错误定价与博彩型收益之间关系的影响。

本章通过经验分析证实了提出的假设，包括：（1）价格被低估的股票中，不存在博彩型收益。博彩型收益主要出现在价格被高估的股票之中。（2）上述结论不受投资者情绪的影响，即无论高情绪期之后，还是低情绪期之后，博彩型收益都主要出现在价格被高估的股票之中。这说明，无论市场情绪高低，博彩型收益都是错误定价的结果。(3) 相比于低情绪期，价格被高估的股票在高情绪期之后，获得更低的负异常收益。(4) 相比于低情绪期，博彩型股票在高情绪期之后，获得更低的负异常收益。也就是说，博彩型收益在高情绪期之后更加明显。我们在第4章曾发现博彩特性的强弱变化与市场走势相反。鉴于投资者情绪能够很好地反映市场收益情况（Baker and Wurgler，2006；易志高和茅宁，2009），我们认为博彩特性与市场走势的关系可能是由投资者情绪造成的。另外，通过本章的实证发现，博彩型收益的这一特点是通过价格被高估股票产生的。通过证实这些假设，我们可以确认博彩型收益源于错误定价，而投资者的行为偏差会导致并加剧了博彩型收益。

大部分国内研究直接将错误定价作为博彩型收益的成因，而未进行深入的检验和分析。与此不同的是，本章从投资者情绪的角度对博彩型收益的错误定价解释进行了检验。另外，本章的结论与国外相关研究的结论也有相似之处。斯坦博等（2015）、钟和格雷（2015）等研究都发现博彩型股票是被价格高估的股票，并表现出负异常收益。方和托赫（2014）等发现投资者情绪高涨期之后，博彩型收益更为突出。这说明无论成熟市场，还是新兴市场，投资者的非理性行为因素都影响着股票的价格与收益。只是，国外研究利用多种博彩型股票识别指标进行检验，都得到了类似的结论。而本章的研究发现虽然 *IS* 与 *MAX* 的实证检验结果基本一致，但 *IS* 的检验效果略弱于 *MAX*。这再次说明中国投资者更热衷于快进快出的短线操作，投机性更强。

总之，本章的研究证实了布鲁纳迈耶等（2007）、巴伯里和黄（2008）等研究的理论预测，即博彩型股票由于价格被高估而获得负异常收益。同时，本章的结果还表明，投资者的行为偏差导致并加剧了博彩型股票的错误定价程度，进而加剧了博彩型收益。

# 第 7 章

# 研究结论、启示与展望

## 7.1 研究结论

本书以中国股票市场的 A 股股票为研究对象，首先对博彩型股票进行了识别分析，比较了多种指标对股票博彩特征的识别能力；然后考察了中国博彩型股票的市场表现特征，并与欧美成熟市场进行了对比分析；最后检验了博彩型收益成因的风险观解释，在发现博彩型收益可能源于错误定价的基础上，本书利用错误定价指数和投资者情绪对博彩型收益的成因作了进一步的分析。本书的主要结论如下：

第一，中国股市存在博彩型股票，但不同识别指标的识别效果有所不同。（1）识别能力最优的指标是可观测性最好的 *MAX*，指标 *IS*、*Com*1 和 *Com*2 也具有一定的识别能力。计算最为简单的 *MAX* 更适用于中国投资者快进快出的博彩行为。同时，*MAX* 的有效性还源于凭借经验投资的股市参与者，往往认为过去曾大涨的股票在未来也极有可能上涨，这也反映了投资者追涨杀跌的心理。总之，*MAX*更符合中国投资者的博彩心理和选股习惯，所以它具有最强的博彩特征识别能力。(2) 国内还未使用过的预测性指标 *EIS* 的识别能力较差。这一点与博耶和沃金克（2010）、库马尔和佩奇（2014）等国外研究结果不同。本书认为这一差异与中国股市投资者的行为特点有着密切关系。一方面，中国投资者大多依靠经验投资，其数据分析能力不足，甚至机构投资者也存在这样的问题。而 *EIS* 的计算方法过于复杂，对中国投资者而言，*EIS* 不具有直观性，不符合投资者的选股习惯。另一方面，中国投资者大多偏好短线操作，过于关注短期交易数据。而 *EIS* 的计算需要较大样本量，它并不适合于基本只关注日数据和周数据的投资者。与 *EIS* 存在类似问题的是 *IS* 和 *IV*，虽然 *IS* 和 *IV* 的计算相比于 *EIS* 简单一些，但仍存在上述问题。因此，中国投资者一般不会选用这些指标作为选择博彩型股票的标准，并导致其识别能力较弱。(3) 复合指标并不比单一指标更有效。单一指标 *MAX* 和 *IS* 的识别能力均优于分别含有这两个指标的 *Com*2 和 *Com*1。导致这一现象的原因是，*Com*2 和 *Com*1 中所包含的其他两个维度（如 *Price*、*Turn*）具有较差的识别能力，这大大削弱了复合指标的有效性。

第二，中国博彩型股票的市场表现特征具有以下几个特点：(1) 各指标识别出的博彩型股票的大部分公司特征是一致的，但也有一定差异性。依据最优的识别指标 *MAX*，博彩型股票具有较小的公司规模和账面市值比，较差的流动性，以及较高的收益波动性、风险因子 *Beta* 和换手率。这些结果与美国市场中的博彩型股票所具有的公司特征基本一致。(2) 无论从识别指标来看，还是从转换概率来看，中国股市的博彩特性在短期内均具有持续性。不过，通过比较基于 *MAX* 指标计算出的中国和欧美股市的博彩特性转换概率矩阵可知，中国市场中的股票博彩特性的持续性弱于欧美股票市场。（3）依据不同识别指标，博彩特性的行业特征分析结果存在一些差异。根据 *MAX* 的划分，从股票数量占比来看，在传播与文化产业和信息技术业这两个行业中，博彩型股票占比较高，非博彩型股票占比较低。而在电力煤气水、交通运输仓储业和金融保险业这三个行业中，博彩型股票占比较低，非博彩型股票占比较高。从收益正偏性和异常收益率来看，交通运输仓储业、农林牧渔业和综合类行业中的博彩型股票表现出较强的博彩特性。（4）中国股市的博彩特性具有时变性，其变化特点是与市场走势相反。也就是说，市场状况良好时，股票的博彩特性较弱；而市场状况不佳时，股票的博彩特性较强。

第三，基于模型误设角度的风险观无法解释博彩型收益。本书基于前文对博彩型股票识别指标的分析，构建了适用于中国股市的博彩因子，通过多因子模型检验和两阶段横截面回归，检验了博彩型收益是否源于系统性风险。实证结果发现：（1）构建的博彩因子具有一定的可行性。（2）与三因子模型相比，在加入博彩因子之后，截距项 $t$ 值绝对值的变化和拟合度的变化都表明博彩因子对股票收益具有解释力，并且对博彩特征的极端组合（最具有博彩特征和最不具有博彩特征的股票组合）收益的解释力更强，也验证了股票博彩特征的非线性变化（Barberis and Huang，2008；李培馨等，2014）。更重要的是，博彩因子系数明显地随博彩特征的增强而由正变负。这说明博彩因子载荷与博彩特征有一定相关性，博彩因子对股票收益的解释力可能源于博彩特征，或者博彩因子未能充分控制住博彩特征对股票收益的影响。（3）通过2SCSR发现，无论在何种分组情况下，博彩因子载荷的回归系数绝对值都远小于博彩识别指标的回归系数，这意味着博彩因子载荷对收益的影响远小于博彩特征对收益的影响。特别是，博彩因子载荷的回归系数 $t$ 值绝对值都较小，并且小于博彩识别指标的回归系数 $t$ 值绝对值。这说明博彩特征能控制博彩因子载荷的收益解释能力，而博彩因子载荷无法控制博彩特征的收益解释能力。本章的稳健性检验也表明上述实证结果不受博彩指标选择的影响。综合来看，博彩型收益并不是由定价模型中遗漏了风险因子而造成的，它更可能来源于股票的错误定价。

第四，博彩型收益可以从基于投资者情绪的错误定价视角得到解释。本书首先通过理论推导和分析，说明了投资者情绪如何影响收益正偏股票的错误定价程度，进而影响博彩型收益。然后，构建了错误定价指数，以检验博彩型收益是否源于股票价格的高估。最后，进一步引入投资者情绪，分析投资者情绪对错误定价与博彩型收益之间的影响。通过经验分析证实了本书所提出的假设，包括以下内容：（1）价格被低估的股票中，不存在博彩型收益。博彩型收益主要出现在价格被高估的股票之中。无论高情绪期之后，还是低情绪期之后，这一结论都成立。这说明，无论市场情绪高低，博彩型收益都是错误定价的结果。（2）相比于低情绪期，价格被高估的股票在高情绪期之后，获得更低的负异常收益。（3）相比于低情绪期，博彩型股票在高情绪期之后，获得更低的负异常收益。也就是说，博彩型收益在高情绪期之后更加明显。而且，通过本章的实证发现，博彩型收益的这一特点是通过价格被高估股票产生的。通过证实这些假设，我们可以确认博彩型收益源于错误定价，而投资者的行为偏差会导致并加剧了博彩型收益。

## 7.2 启示与政策建议

本书的研究内容和结论对中国股票市场的投资者、研究者和市场监管者都具有一些启示。鉴于中国股市的投机性较强，博彩行为较多，各类市场参与者有必要对此予以关注。

### 7.2.1 对投资者的启示

本书的一些研究内容和结论对中国股市的投资者而言，具有较为重要的实践指导意义。投资者可以根据本书的相关结论避免盲目投机而造成的损失，更可以利用本书的相关研究构建恰当的投资策略，以提高获取超常收益的可能性。具体而言，对投资者的启示如下：

第一，应充分认识非理性因素在投资决策中所起到的重要作用。根据本书对博彩型股票识别指标的分析可以发现，中国股市投资者偏好计算简单、直观性强的博彩指标。这反映了中国股市投资者快进快出的博彩行为。中国投资者大多偏好短线操作，过于关注短期交易数据。同时，投资者又大多依靠经验投资，其数据分析能力不足，往往认为过去曾大涨的股票在未来也极有可能上涨，存在较强的追涨杀跌心理。本书的研究也表明这样的博彩行为难以给投资者带来收益。行为金融学指出，现实中的投资者存在心理偏差，不是完全理性的。就如本书所使用的“最优信念”框架所描述的那样，人们在做决策时往往不会根据理性计算来选择最优方案，而是会偏离理性路径，选择让自己“最满意”的方案。投资者有必要认识到非理性因素的重要性，并在决策过程中尽量克服这些心理因素和行为偏差带来的不利影响。

第二，在实际投资的过程中，需要注意市场周期因素、行业因素和公司因素。中国股市的博彩特性具有时变性。投资者无论在怎样的市场状态下都应该保持理性的投资方式，特别是在市场情绪高涨时，更要冷静地进行投资决策，避免“赌一把”的心理。同时，特别注意博彩型股票占比较高的行业，如传播与文化产业和信息技术业。另外，交通运输仓储业、农林牧渔业和综合类行业中的博彩型股票表现出较强的博彩特性。投资这些行业时，可能更容易受到市场中其他投资者的博彩行为的影响。根据本书对中国博彩型股票的公司特征分析，投资者也应该慎重选择具有较强博彩性公司特征的股票。

第三，一方面，投资者应该克服自身非理性因素对投资决策的影响。另一方面，投资者也可以充分利用市场上其他投资者的心理偏差和非理性行为来盈利。基于这两方面的考虑，投资者或许可以尝试“投资性买入，投机性卖出”的投资策略。以理性的长期投资为主，适当进行短线操作。在使用这一方式进行投资时，依然需要注意上面所说的市场周期因素、行业因素和公司因素。另外，虽然中国股市的博彩特性在短期内具有一定持续性，但长期而言，市场的投机观点不断变化，投机对象也在不断调整。如果选择投机性卖出策略，则需要充分理解市场的当前趋势，果断操作。

### 7.2.2　对研究者的启示

本书的一些研究结论对研究者而言，也具有理论意义上的启示。

第一，虽然中外股票市场普遍存在博彩行为，但对中国博彩型股票进行分析时，研究者需要注意中国股市与西方成熟市场的不同之处。从博彩型股票的识别分析来看，国外研究经常使用的计算复杂的识别指标 *EIS* 对中国股市而言，不具有良好的识别能力。反而是计算简单、直观性强的 *MAX* 展现出良好的识别效果。另外，复合指标的识别能力并不优于单一指标。复合指标中的一些维度无法识别中国市场中股票的博彩特性，因而大大削弱了复合指标的有效性。总之，在识别指标的选取上，研究者应该充分考虑到中国股市投资者的实际特点和选股习惯。鉴于各指标的识别能力具有较大差异，采用最适于中国股市的博彩型股票识别指标是十分必要的。

另外，中外股市博彩型股票的市场表现特点也有所不同。这提醒研究者在进行相关分析时，要考虑到中国博彩型股票的特殊之处。国外的一些研究结论，如博彩型股票具有行业集中效应并不适用于中国股市。

第二，本书的研究结果表明，标准金融学的资产定价模型无法解释博彩型收益，而行为金融学提供了较好的解释。本书第 5 章的分析显示，博彩因子对收益率的解释力源于博彩特征定价，而非博彩风险定价。博彩特征能控制博彩因子载荷的收益解释力，而博彩因子载荷无法控制博彩特征的收益解释力。本书第6章的结果进一步说明博彩型收益源于投资者行为偏差造成的错误定价。可见标准金融学在解释博彩型收益方面存在局限性。与其他众多收益率异象一样，博彩型收益的存在意味着市场不是有效的，现实中的投资者也不是传统理论所假设的具有完全理性。在对金融市场进行研究时，行为因素是不容忽略的。在考虑行为因素之后，研究者可以更合理、更全面地分析市场中的各种现象。

### 7.2.3 对证券监管部门的启示与政策建议

对于证券监管部门，本书的研究内容和结论具有如下启示和政策建议：

第一，加强投资者教育，培养健康的投资理念。本书的研究表明，投资者难以从股市的博彩行为中获得收益。监管者应加强对投资者的教育，特别是针对个人投资者，要让他们充分认识到博彩行为的风险和危害。引导投资者多进行长期投资，减少快进快出的短线操作。不要盲目追求短期高收益，并注重风险控制。

第二，完善上市公司的信息披露制度。监管部门应该为投资者提供一个公开、公平的投资平台，让投资者及时、准确地获得上市公司的所有财务和公告信息。同时，严惩内部交易，杜绝内幕消息。因为这些现象可能引发知情交易，导致某些博彩型股票确实在一定时间内表现出很高的收益，吸引没有私人信息的普通个人投资者入市（孔东民等，2010）。基于简单外推的想法，投资者买入曾经大涨的博彩型股票，最终却难以获得收益，甚至遭受损失。为了减少投资者盲目的主观判断，督促投资者进行基本面分析，监管部门有必要为投资者提供一个良好的信息环境。

第三，继续引入并完善卖空制度。根据行为金融学理论，一种异象能够长期存在，除了受到投资者的心理因素和行为偏差的影响之外，还受到套利限制的影响。虽然中国股市已经开始引入一些卖空机制，但投资者的卖空机会依然很少。这就导致股票价格更多地反映了乐观投资者的信念，而无法体现投资者的悲观态度。从本书第 6 章关于错误定价的相关分析中也可以看到套利限制和套利不对称性对股票价格偏离其内在价值的影响。因此，引入并完善卖空机制有利于降低股票错误定价的程度，提高市场的有效性。

## 7.3 进一步的研究展望

本书虽然对博彩型股票的识别、市场表现和成因进行了比较全面而系统的分析，在一定程度上弥补了国内相关研究的不足。但关于博彩型股票和股市博彩行为仍有很多值得探索的内容。

其一，本书的研究没有区分个人投资者和机构投资者。今后的研究可以详细考察机构投资者的博彩行为，这可能导致某些与本书不同的结论。例如，本书发现对于整体投资者而言，计算简单、最具直观性的 *MAX* 指标具有最好的博彩特征识别能力。那么，对于更善于进行复杂数据分析的机构投资者而言，最优的识别指标可能会有所不同。

其二，本书没有从某种具体的风险角度对博彩型股票进行分析。

国外已有文献探讨了博彩型股票与财务风险、价值溢价等具体现象的关系。今后的研究也可以进一步挖掘博彩型股票与其他市场现象之间的内在联系。

其三，可以继续扩展博彩型股票的研究主题。例如，国外研究已经开始分析博彩型股票与市场联动性的关系（Kumar et al.，2014），并构建了博彩情绪指数（Chen et al.，2015）。另外，随着投资者账户信息可得性的改善，研究者可以分析投资者个人特征对持有博彩型股票的影响。总之，关于博彩型股票和股市博彩行为，还有很多有趣、重要的研究内容。

# 参考文献


［1］蔡海洪，吴世农．价值股与成长股不同市场表现的实证研究［J］．财经科学，2003（3）：1－4.

［2］陈收，陈立波．中国上市公司“规模效应”的实证研究［J］．中国管理科学，2002，10（6）：8－12.

［3］丛剑波，祝滨滨．我国股市的特质波动风险分析［J］．经济纵横，2009（5）：85－87.

［4］崔巍．行为金融学案例［M］．北京：中国发展出版社，2013.

［5］邓雪春，郑振龙．中国股市存在“特质波动率之谜”吗？［J］．商业经济与管理，2011（1）：60－67.

［6］樊行健，刘浩，郭文博．中国资本市场应计异象问题研究——基于上市公司成长性的全新视角［J］．金融研究，2009（5）：141－156.

［7］冯百鸣．彩票消费与宏观经济相关性的实证研究［J］．经济经纬，2010（4）：25－29.

［8］高金余，陈翔．马尔可夫切换模型及其在中国股市中的应用［J］．中国管理科学，2007，15（6）：20－25.

[9] G. S. 马达拉，C. R. 拉奥．金融中的统计方法（新1版）[M]．王美今，芮萌，林嘉永，译．上海：上海人民出版社，2008.

[10] 韩其恒，于旭光．价值投资在中国证券市场上的有力证据 [J]．上海财经大学学报，2007 (1)：79－85.

[11] 黄芬红．中国股市价值溢价的时变性——基于区制转移模型的分析 [J]．东北财经大学学报，2015 (3)：20－27.

[12] 黄迈，董志勇．Q理论、融资约束与资产增长异象 [J]．经济科学，2012 (3)：50－60.

[13] 黄卓，康辰，王小华．中国股市“特质性波动率之谜”研究 [J]．山东社会科学，2015 (7)：161－166.

[14] 江曙霞，陈青．赌博特征股票的收益预测及解释 [J]．财贸研究，2013 (3)：99－107.

[15] 蒋玉梅，王明照．投资者情绪、盈余公告与市场反应 [J]．管理科学，2010 (3)：70－78.

[16] 孔东民，代昀昊，李捷瑜．知情交易与中国股市博彩溢价 [J]．金融评论，2010 (2)：61－72.

[17] 孔高文，刘莎莎，孔东民．博彩偏好是否影响了精明投资者绩效？[J]．投资研究，2014 (10)：87－103.

[18] 李科，徐龙炳，朱伟骅．卖空限制与股票错误定价——融资融券制度的证据 [J]．经济研究，2014 (10)：165－178.

[19] 李培馨，刘悦，王宝链．中国股票市场的赌博行为研究 [J]．财贸经济，2014 (3)：68－79.

[20] 李远鹏，牛建军．退市监管与应计异象 [J]．管理世界，2007 (5)：125－132.

[21] 李志文，宋云玲．中国上市公司盈余和盈余构成的错误定价——来自A股市场的经验证据 [J]．中国会计评论，2009 (1)：53-66.

[22] 李卓，赵勇．风险的多态性与投资组合构造：一种基于Markov状态更替的CAPM模型 [J]．世界经济，2005 (7)：60-68.

[23] 刘锋，霍德明．基于截面和时序GRS检验的流动性定价研究 [J]．山西财经大学学报，2012 (3)：27-36.

[24] 刘蕾，马栋．上海股市规模效应和价值效应实证分析 [J]．统计与信息论坛，2004，19 (3)：81-86.

[25] 刘维奇，邢红卫，张信东．投资偏好与"特质波动率之谜"——以中国股票市场A股为研究对象 [J]．中国管理科学，2014，22 (8)：10-20.

[26] 任爱莲．套利有限性对资产增长和股票价格的关系影响研究 [J]．统计与决策，2014 (1)：155-158.

[27] 史永东，李凤羽，杨云鹏．特质风险与市场收益动态关系的实证研究 [J]．投资研究，2012 (9)：6-19.

[28] 史永东，田渊博，马姜琼，等．多因子模型下投资者情绪对股票横截面收益的影响研究 [J]．投资研究，2015 (5)：48-65.

[29] 宋献中，汤胜．中国股市"过度反应"与"规模效应"的实证分析——基于中国上海A股股票市场的检验 [J]．暨南学报（哲学社会科学版），2006，28 (3)：74-78.

[30] 王春艳，欧阳令南．价值投资于中国股市的可行性分析 [J]．财经科学，2004 (1)：32-36.

［31］王程．中国股市价值策略实证研究［J］．世界经济文汇，2005（6）：32－38.

［32］王晋斌．价值溢价：中国股票市场1994—2002［J］．金融研究，2004（3）：79－89.

［33］王志强，齐佩金，孙刚．动量效应的最新研究进展［J］．世界经济，2006（2）：82－92.

［34］王志强，王月盈，徐波，等．中国股市动量效应的表现特征［J］．财经问题研究，2006（11）：46－55.

［35］王志强，熊海芳．利率期限溢价与股权溢价：基于区制转移的非线性检验［J］．金融学季刊，2011（2）：58－82.

［36］汪丁丁．行为金融学基本问题［J］．财经问题研究，2010（7）：55－58.

［37］汪炜，周宇．中国股市"规模效应"和"时间效应"的实证分析——以上海股票市场为例［J］．经济研究，2002（10）：16－21.

［38］魏文婷，王春峰，房振明，等．卖空限制对收益偏度的影响及对中国市场的启示［J］．山西财经大学学报，2009（S1）：190－192.

［39］吴敬琏．吴敬琏：十年纷纭话股市［M］．上海：上海远东出版社，2001.

［40］吴世农．我国证券市场效率的分析［J］．经济研究，1996（4）：13－19.

［41］吴世农，吴超鹏．我国股票市场"价格惯性策略"和"盈余惯性策略"的实证研究［J］．经济科学，2003（4）：41－50.

[42] 吴世农，许年行．资产的理性定价模型和非理性定价模型的比较研究——基于中国股市的实证分析［J］．经济研究，2004（6）：105－116.

[43] 熊伟，陈浪南．股市特质风险因子与股票收益率——基于模型设定误差的实证分析［J］．金融学季刊，2015，9（2）：1－25.

[44] 熊伟，陈浪南．股票特质波动率、股票收益与投资者情绪［J］．管理科学，2015（5）：106－115.

[45] 徐小君．公司特质风险与股票收益——中国股市投机行为研究［J］．经济管理，2010（12）：127－136.

[46] 徐绪松，陈彦斌．深沪股票市场非线性实证研究［J］．数量经济技术经济研究，2006，18（3）：110－113.

[47] 薛斐．基于情绪的投资者行为研究［D］．复旦大学，2005.

[48] 闫超，刘金全，隋建利．中国股票市场牛熊市运行周期探究［J］．经济与管理研究，2014（10）：45－52.

[49] 杨华，陈迅．证券市场规模效应研究进展：述评与启示［J］．会计研究，2011（2）：39－44.

[50] 杨华蔚，韩立岩．中国股票市场特质波动率与横截面收益研究［J］．北京航空航天大学学报（社会科学版），2009，22（1）：6－10.

[51] 杨开元，刘斌，王玉涛．资本市场应计异象：模型误设还是错误定价［J］．统计研究，2013，30（10）：68－74.

[52] 杨墨竹．基于投资者情绪视角的交易所交易型开放式指数基金市场异象研究［D］．东北财经大学，2012.

[53] 杨墨竹. ETF资金流、市场收益与投资者情绪——来自A股市场的经验证据 [J]. 金融研究, 2013 (4): 156-169.

[54] 叶建华, 于国安. 中国上市公司资产增长异象的实证研究 [J]. 山西财经大学学报, 2012 (6): 53-60.

[55] 叶建华, 周铭山. 有限套利能否解释A股市场资产增长异象 [J]. 南开管理评论, 2013, 16 (1): 41-48.

[56] 叶建华, 周铭山, 彭韶兵. 盈利能力、投资者认知偏差与资产增长异象 [J]. 南开管理评论, 2014, 17 (1): 61-68.

[57] 易志高, 茅宁. 中国股市投资者情绪测量研究: CICSI的构建 [J]. 金融研究, 2009 (11): 174-184.

[58] 张兵. 基于状态转换方法的中国股市波动研究 [J]. 金融研究, 2005 (3): 100-108.

[59] 张宇飞, 马明. 中国证券市场预期特质性波动率影响定价的实证研究 [J]. 当代财经, 2013 (4): 59-72.

[60] 郑振龙, 孙清泉. 彩票类股票交易行为分析: 来自中国A股市场的证据 [J]. 经济研究, 2013 (5): 128-140.

[61] 郑振龙, 王磊, 王路跖. 特质偏度是否被定价? [J]. 管理科学学报, 2013 (5): 1-12.

[62] 朱宝宪, 何治国. β值和账面/市值比与股票收益关系的实证研究 [J]. 金融研究, 2002 (4): 71-79.

[63] 朱钧钧, 谢识予. 状态转换和中国股市的独特特征——基于马尔可夫状态转换-自回归模型的分析 [J]. 上海金融, 2010 (10): 50-54.

[64] 左浩苗, 郑鸣, 张翼. 股票特质波动率与横截面收益:

对中国股市“特质波动率之谜”的解释［J］. 世界经济，2011（5）：117 – 135.

［65］Aissia, D. B., 2014, IPO first-day returns: Skewness preference, investor sentiment and uncertainty underlying factors［J］. Review of Financial Economics, 23（3）, pp. 148 – 154.

［66］Amaya, D., Christoffersen, P., Jacobs, K., et al., 2015, Does Realized Skewness Predict the Cross-section of Equity Returns?［J］. Journal of Financial Economics, 118（1）, pp. 135 – 167.

［67］Andrew, A., Hodrick, R. J., Xing, Y., et al., 2006, The Cross-section of Volatility and Expected Returns［J］. Journal of Finance, 61（1）, pp. 259 – 299.

［68］Annaert, J., Ceuster, M. D., Verstegen, K., 2013, Are Extreme Returns Priced in the Stock Market? European evidence［J］. Journal of Banking & Finance, 37（9）, pp. 3401 – 3411.

［69］Baker, M., Wurgler, J., 2006, Investor Sentiment and the Cross-Section of Stock Returns［J］. Journal of Finance, 61（4）, pp. 1645 – 1680.

［70］Bali, T. G., Brown, S., Murray, S., et al., 2014, Betting Against Beta or Demand for Lottery［J］. SSRN Electronic Journal.

［71］Bali, T. G., Cakiti, N., Whitelaw, R. F., 2011, Maxing out: Stocks as Lotteries and the Cross-Section of Expected Returns［J］. Journal of Financial Economics, 99（2）, pp. 427 – 446.

［72］Banz, R. W., 1981, The Relationship between Return and Market Value of Common Stocks［J］. Journal of Financial Economics, 9

(1), pp. 3 – 18.

[73] Barberis, N., Huang, M., 2008, Stocks as Lotteries: The Implications of Probability Weighting for Security Prices [M]. American Economic Review, 98 (5), pp. 2066 – 2100.

[74] Barberis, N., Mukherjee, A., Wang, B., 2014, Prospect Theory and Stock Returns: An Empirical Test [M]. Social Science Electronic Publishing.

[75] Barinov, A., 2011, Idiosyncratic Volatility, Growth Options, and the Cross-Section of Returns [J]. SSRN Electronic Journal.

[76] Barinov, A., 2013, Analyst Disagreement and Aggregate Volatility Risk [J]. Journal of Financial & Quantitative Analysis, 48 (6), pp. 1877 – 1900.

[77] Barinov, A., 2013, Stocks with Extreme Past Returns: Lotteries or Insurance? [J]. SSRN Electronic Journal.

[78] Basu, S., 1997, The Investment Performance of Common Stocks in Relation to Their Price to Earnings Ratios: a Test of Efficient Market Hypothesis [J]. Journal of Finance, 32 (3), pp. 663 – 682.

[79] Boyer, B., Mitton, T., Vorkink, K., 2010, Expected Idiosyncratic Skewness [J]. Review of Financial Studies, 23 (1), pp. 169 – 202.

[80] Boyer, B. H., Vorkink, K., 2014, Stock Options as Lotteries [J]. Journal of Finance, 69 (4), pp. 1485 – 1527.

[81] Brown, G. W., Cliff, M. T., 2004, Investor Sentiment and the Near-Term Stock Market [J]. Journal of Empirical Finance, 11

(1), pp. 1 – 27.

[82] Brunnermeier, M. K., Gollier, C., Parker, J. A., 2007, Optimal Beliefs, Asset Prices, and the Preference for Skewed Returns [J]. American Economic Review, 97 (2), pp. 159 – 165.

[83] Brunnermeier, M. K., Parker, J. A., 2005, Optimal Expectations [J]. American Economic Review, 95 (4), pp. 1092 – 1118.

[84] Chen, J., Hong, H., Stein, J. C., 2001, Forecasting Crashes: Trading Volume, Past Returns, and Conditional Skewness in Stock Prices [J]. Journal of Financial Economics, 61 (3), pp. 345 – 381.

[85] Chen, N. F., Kan, R., Miller, M. H., 1993, Are the Discounts on Close-end Funds a Sentiment Index [J]. Journal of Finance, 48 (2), pp. 795 – 800.

[86] Chen, Y., Kumar, A., Zhang, C., 2015, Searching for Gambles: Investor Attention, Gambling Sentiment, and Stock Market Outcomes [J]. SSRN Electronic Journal.

[87] Chen, Z., Petkova, R., 2010, Does Idiosyncratic Volatility Proxy for Risk Exposure? [J]. Review of Financial Studies, 25 (9), pp. 2745 – 2787.

[88] Conrad, J., Kapadia, N., Xing, Y., 2014, Death and Jackpot: Why do Individual Investors Hold Overpriced Stocks? [J]. Journal of Financial Economics, 113 (3), pp. 455 – 475.

[89] Cooper, M. J., Gulen, H., Schill, M. J., 2008, Asset Growth and the Cross-section of Stock Returns [J]. Journal of Finance,

63, pp. 1609 – 1652.

[90] Core, J. E., Guay, W. R., Verdi, R., 2007, Is Accruals Quality a Priced Risk Factor? [J]. Journal of Accounting and Economics, 46 (1), pp. 2 – 22.

[91] Doran, J. S., Jiang, D., Peterson, D. R., 2012, Gambling Preference and the New Year Effect of Assets with Lottery Features [J]. Review of Finance, 16 (3), pp. 685 – 731.

[92] Eraker, B., Ready, M., 2011, Do Investors Overpay for Stocks with Lottery-like Payoffs? An Examination of the Returns of OTC Stocks [J]. Journal of Financial Economics, 115 (3), pp. 486 – 504.

[93] Fama, E. F., French, K. R., 1992, The Cross-Section of Expected Stock Returns [J]. The Journal of Finance, 47 (2), pp. 427 – 465.

[94] Fama, E. F., French, K. R., 1993, Common Risk Factors in the Returns on Stocks and Bonds [J]. Journal of Financial Economics, 33 (1), pp. 3 – 56.

[95] Fama, E. F., French, K. R., 1996, Multifactor Explanations of Asset Pricing Anomalies [J]. Journal of Finance, 51 (1), pp. 55 – 84.

[96] Fama, E. F., French, K. R., 2015, A five-factor asset pricing model [J]. Journal of Financial Economics, 116 (1), pp. 1 – 22.

[97] Fama, E. F., Macbeth, J. D., 1973, Risk, Return, and Equilibrium: Empirical Tests [J]. Journal of Political Economy, 81

(3), pp. 607 – 636.

[98] Fong, W. M., Toh, B., 2014, Investor Sentiment and the MAX Effect [J]. Journal of Banking & Finance, 46 (3), pp. 190 – 201.

[99] Friedman, M., Savage, L. J., 1948, The Utility Analysis of Choices Involving Risk [J]. Journal of Political Economy, 56 (4), pp. 279 – 279.

[100] Fu, F., 2009, Idiosyncratic Risk and the Cross-section of Expected Stock Returns [J]. Journal of Financial Economics, 91 (1), pp. 24 – 37.

[101] Golec, J., Tamarkin, M., 1998, Bettors Love Skewness, Not Risk, at the Horse Track [J]. Journal of Political Economy, 106 (1), pp. 205 – 225.

[102] Green, T. C., Hwang, B. H., 2012, Initial Public Offerings as Lotteries: Skewness Preference and First-Day Returns [J]. Management Science, 58 (2), pp. 432 – 444.

[103] Hamilton, J. D., 1989, A New Approach to the Economic Analysis of Nonstationary Time Series and the Business Cycle [J]. Econometrica, 57 (2), pp. 357 – 384.

[104] Han, B., Kumar, A., 2011, Speculative Retail Trading and Asset Prices [J]. Journal of Financial & Quantitative Analysis, 48 (2), pp. 377 – 404.

[105] Harvey, C. R., Akhtar, S., 2000, Conditional Skewness in Asset Pricing Tests [J]. Journal of Finance, 55 (3), pp. 1263 –

1295.

[106] Hirshleifer, D., Hou, K., Teoh, S. H., 2012, The Accrual Anomaly: Risk or Mispricing? [J]. Management Science, 58 (2), pp. 320 – 335.

[107] Hwang, S., Satchell, S. E., 1999, Modelling Emerging Market Risk Premia Using Higher Moments [J]. International Journal of Finance & Economics, 4 (4), pp. 271 – 296.

[108] Ivkovi, Z., Weisbenner, S., 2005, Local does as Local is: Information Content of the Geography of Individual Investors' Common Stock Investments [J]. Journal of Finance, 60 (1), pp. 267 – 306.

[109] Jegadeesh, N., Titman, S., 1993, Returns to Buying Winners and Selling Losers: Implication for Stock Market Efficient [J]. Journal of Finance, 48 (1), pp. 65 – 91.

[110] Kane, A., 1982, Skewness Preference and Portfolio Choice [J]. Journal of Financial & Quantitative Analysis, 17 (1), pp. 15 – 25.

[111] Kraus, A., Litzenberger, R. H., 1976, Skewness Preference and the Valuation of Risk Assets [J]. The Journal of Finance, 31 (4), pp. 1085 – 1100.

[112] Kumar, A., 2009, Who Gambles in the Stock Market? [J]. Journal of Finance, 64 (4), pp. 1889 – 1933.

[113] Kumar, A., Korniotis, G. M., 2011, Do Portfolio Distortions Reflect Superior Information or Psychological Biases? [J]. Journal of Financial & Quantitative Analysis, 48 (1), pp. 1 – 45.

[114] Kumar, A., Page, J. K., 2011, Deviations From Norms and Informed Trading [J]. Journal of Financial & Quantitative Analysis, 49 (4), pp. 1005 - 1037.

[115] Kumar, A., Page, J. K., Spalt, O. G., 2011, Religious Beliefs, Gambling Attitudes, and Financial Market Outcomes [J]. Journal of Financial Economics, 102, pp. 671 - 708.

[116] Kumar, A., Page, J. K., Spalt, O. G., 2016, Gambling and Comovement [J]. Journal of Financial and Quantitative Analysis, 51 (1), pp. 85 - 111.

[117] Langer, T., Weber, M., 2001, Prospect Theory, Mental Accounting, and Differences in Aggregated and Segregated Evaluation of Lottery Portfolios [J]. Management Science, 47 (5), pp. 716 - 733.

[118] Markowitz, H., 1952a, Portfolio Selection [J]. Journal of Finance, 7 (1), pp. 77 - 91.

[119] Markowitz, H., 1952b, The Utility of Wealth [J]. Journal of Political Economy, 60 (2), pp. 151 - 158.

[120] Miller, E. M., 1977, Risk, Uncertainty and the Divergence of Opinion [J]. Journal of Finance, 50, pp. 23 - 51.

[121] Mitton, T., Vorkink, K., 2007, Equilibrium Underdiversification and the Preference for Skewness [J]. Review of Financial Studies, 20 (4), pp. 1255 - 1288.

[122] Nartea, G. V., Wu, J. Liu, H. T., 2012, Extreme Returns in Emerging Stock Markets: Evidence of a MAX Effect in South Ko-

rea [J]. Applied Financial Economics, 24 (6), pp. 425 - 435.

[123] Newey, W., West, K., 1987, A Simple Positive Semi-definite, Heteroskedasticity and Autocorrelation Consistent Covariance Matrix [J]. Econometrica, 55 (3), pp. 703 - 708.

[124] Shanken, J., 1992, On the Estimation of Beta-Pricing Models [J]. Review of Financial Studies, 5 (1), pp. 1 - 33.

[125] Sloan, G., 1996, Do Stock Prices Fully Reflect Information in Accruals and Cash Flows About Future Earnings? [J]. The Accounting Review (3), pp. 289 - 315.

[126] Smith, D. R., 2007, Conditional Coskewness and Asset Pricing [J]. Journal of Empirical Finance, 14 (1), pp. 91 - 119.

[127] Snowberg, E., Wolfers, J., 2010, Explaining the Favorite-Long Shot Bias: Is it Risk-Love or Misperceptions? [J]. Journal of Political Economy, 118 (4), pp. 723 - 746.

[128] Stambaugh, R. F., Jianfeng, Y. U., Yuan, Y. U., 2012, Arbitrage Asymmetry and the Idiosyncratic Volatility Puzzle [J]. Journal of Finance, 70 (5), pp. 1903 - 1948.

[129] Statman, M., 2002, Lottery Players/Stock Traders [J]. Financial Analysts Journal, 58 (1), pp. 14 - 21.

[130] Sun, Q., Yan, Y., 2003, Skewness Persistence with Optimal Portfolio Selection [J]. Journal of Banking & Finance, 27 (6), pp. 1111 - 1121.

[131] Tversky, A., Kahneman, D., 1992, Advances in Prospect Theory: Cumulative Representation of Uncertainty [J]. Journal of

Risk and Uncertainty, 5 (4), pp. 297 –323.

[132] Walkshäusl, C., 2014, The MAX Effect: European Evidence [J]. Journal of Banking & Finance, 42, pp. 1 –10.

[133] White, H., 1980, A Heteroskedasticity-consistent Covariance Matrix and a Direct Test for Heteroskedasticity [J]. Econometrica, 48 (4), pp. 817 –838.

[134] Zhang, X. J., 2010, Book-to-Market Ratio and Skewness of Stock Returns [J]. Accounting Review, 88 (6), pp. 2213 –2240.

[135] Zhong, A., Gray, P., 2016, The MAX Effect: An Exploration of Risk and Mispricing Explanations [J]. SSRN Electronic Journal.